CUANTAS VECES ESTAS DISPUESTO A CAER ANTES DE LEVANTARTE

HAZ DE TU MIEDO TU MEJOR ALIADA

CÓMO DERROTAR LA ANSIEDAD, EL MIEDO Y LOS ATAQUES DE PÁNICO SOLO

Resumen

Introducción

¿Está constantemente asustado, preocupado o quizás nervioso? ¿Tiene problemas para dormir o siempre se siente cansado y con pánico? A menudo te preguntas por qué no puedes dejar de preocuparte y por qué a menudo sientes el estado de miedo. ¿Le gustaría ser capaz de superar estos problemas para que pueda empezar a vivir la vida que desea?

Este tipo de sentimientos a menudo se diagnostican como ansiedad. Estas emociones son el resultado de factores que provocan un desequilibrio en nuestro cerebro y en nuestra rutina diaria. En ciertos momentos todos sentimos la molesta sensación de que el mundo se nos viene encima. Durante estos momentos, los sentimientos de tensión, impotencia, miedo y ansiedad corren rampantes en nuestra mente. Sentimos que nos sentiríamos liberados si pudiéramos desaparecer.

Si bien esta es una reacción completamente normal ante situaciones estresantes, hay momentos en que estas emociones y pensamientos negativos se vuelven tan frecuentes que tienen un gran impacto en nuestras vidas. Cuando esto sucede, has cruzado el límite que de lo normal te lleva a la condición de estado anormal. Si sus sentimientos de miedo persisten y le dificultan hacer algo más que actividades físicas, entonces es un problema mucho más serio y debe abordarse lo antes posible.

Muchas personas experimentan esta condición, conocida como trastorno de ansiedad. En general, si nuestras reacciones ante determinadas situaciones son mayores de lo que realmente son, es posible que padezcas un trastorno de ansiedad.

Afortunadamente, si padece este trastorno, ciertamente hay una manera de tratarlo y eliminarlo con éxito para que pueda comenzar a vivir una vida normal.

Una experiencia libre de miedos, preocupaciones y ansiedades constantes que seguramente te lo mereces. Al hacer algunos cambios simples en su estilo de vida y rutina diaria, puede comenzar a superar todo esto para sentirse libre de los efectos debilitantes de esta condición poco saludable.

¡Mi trabajo es mostrarte el camino! Te ayudaré a configurar tu navegador a lo que te mereces: ¡Abundancia y Felicidad! Descubriremos juntos que nada está cerrado para ti: Éxito, Salud, Dinero, Relaciones, Serenidad, Carrera, Alegría de Vivir. Una serie de obras que te ayudarán a aprender a utilizar el poder de las intenciones, esas que harán de ti una persona libre de cualquier condicionamiento, consciente de poder derribar cualquier obstáculo y alcanzar cualquier meta. Superarás todo miedo y recibirás el cambio con alegría.

Capítulo 1 - Comprender la ansiedad

Es una reacción normal que su cerebro envíe señales de alarma a su cuerpo cuando detecta un peligro, entonces su cuerpo reacciona ante ese peligro. Para entenderlo un poco mejor, definamos estrés y ansiedad. Muchos creen que el estrés y la ansiedad son lo mismo, contrario a esta creencia, tanto el estrés como la ansiedad tienen varias diferencias.

definicion de ansiedad

La ansiedad a menudo se conoce como la sensación incómoda de preocupación que se desarrolla cuando estás muy tenso por algo. Sentirse un poco ansioso ante los grandes acontecimientos de la vida es normal. Sin embargo, si estos sentimientos persisten, incluso cuando todo está bajo control, hay un problema.

Definimos el estrés

El estrés es la sensación natural que surge de las presiones que experimentamos en nuestra vida diaria. Las señales de estrés se envían al cerebro cuando nuestro cuerpo y nuestra mente son llevados al límite. Cuando el cerebro detecta una señal de estrés, libera adrenalina en el torrente sanguíneo. Esta liberación de adrenalina hace que el cuerpo sienta una señal de estrés y fatiga.

El cuerpo reacciona a este aumento de adrenalina, lo que lleva al lógico "descanso de la mente". Sin embargo, si su cuerpo se niega a parar, la adrenalina permanece en el torrente sanguíneo, puede causar depresión, así como elevar su presión arterial, lo que puede causar otras reacciones negativas.

Entre estas reacciones negativas se encuentra la ansiedad. Las estadísticas del Instituto Nacional de Salud Mental indicaron que más de 40 millones de adultos estadounidenses, alrededor del 18 % de la población adulta, tienen algún tipo de ansiedad. Esto hace que los trastornos de ansiedad sean las enfermedades mentales más comunes en los Estados Unidos.

El problema de la ansiedad
Cuando no puedes controlarte cuando te enfrentas a diferentes situaciones en la vida, esto significa que tenderás a ser más indeciso para tomar ciertas decisiones o cambios, esto se debe a que tu estado de ansiedad puede impedir que alcances tu máximo potencial. . Cuando esto se combina con una mentalidad negativa, que a menudo se asocia con el estrés, las posibilidades de tener éxito en la vida son escasas. Cuando sufres de un trastorno de ansiedad, tu autoestima y confianza suelen ser bastante bajas, ya que tu mente está llena de muchos pensamientos negativos sobre tu valor y tus habilidades.

Además de tener un efecto en su confianza, la tensión constante que siempre tiene debido a la ansiedad a menudo puede causar fuertes dolores de cabeza y tensión muscular que empeorará con el tiempo. Si bien los efectos negativos de la ansiedad pueden ser suficientes para motivarlo a superar su ansiedad y finalmente hacer algo al respecto.

Cómo podría afectarte la ansiedad
Para algunas personas, los síntomas físicos asociados con la enfermedad serán mucho peores que para otras. Para otros, los sentimientos de miedo y fatalidad pueden ocurrir sin motivo alguno, dejándolos asustados e inseguros hasta el punto de que levantan muros para protegerse de sí mismos.
El problema de la ansiedad es que la preocupación constante por lo que pueda pasar hace que las personas se sientan abrumadas por el mundo que les rodea. Estos sentimientos

no solo pueden dañar su capacidad de concentración , sino también dejarlos incapaces de dormir o incluso comer. Eventualmente, esto puede llevar a que su nivel de confianza disminuya y su capacidad para mantener una perspectiva positiva de la vida.

Sin embargo, otros optarán por no hablar de sus preocupaciones porque no creen que los demás entiendan lo que sienten. No solo les preocupa ser juzgados por otras personas, también temen ser vistos como débiles. Aunque muchas personas sufren de diferentes formas de ansiedad, muchas de ellas optarán por no revelar su secreto a los demás porque sienten que no las han entendido.

Hay algunos casos en los que las personas tienden a culparse a sí mismas por la forma en que se sienten. La buena noticia es que se han realizado muchas investigaciones, y algunas todavía están en curso, sobre la variedad de dolencias. Como resultado, más profesionales tienen una mejor comprensión de los órdenes de ansiedad que antes, lo que les permite tratar la enfermedad y ayudar a quienes la padecen.

Capítulo 2 - Determinación del tipo de ansiedad

Antes de que pueda comenzar a manejar su ansiedad de manera efectiva, debe asegurarse de tener una buena comprensión de lo que está a punto de hacer. A diferencia de la ansiedad leve que afecta a casi todos a lo largo de la vida, un trastorno de ansiedad se presenta de diversas formas.

Trastorno general de ansiedad
Las personas con trastorno de ansiedad general, o GAD, se caracterizan por una preocupación y un miedo duraderos sobre muchas cosas, que pueden ser la carrera, el dinero, la familia o incluso la escuela. Sus sentimientos se vuelven irreales, afectando el desempeño en sus actividades diarias.

Tener GAD es la incapacidad de resaltar el miedo específico y el problema para controlar la preocupación. El trastorno de ansiedad generalizada afecta a alrededor del tres por ciento de la población, y casi la mitad de quienes lo padecen son mujeres.

Las personas con GAD comúnmente se quejan de estar en un estado constante de preocupación por cosas como las finanzas, las relaciones, el trabajo y la salud. Los síntomas del trastorno de ansiedad generalizada son los mismos que los de la ansiedad común, pero generalmente más crónicos y graves. Estos incluyen preocupaciones a veces excesivas y constantes, dolores de cabeza, irritabilidad, dificultad para concentrarse, inquietud, sensación de estar al límite, fatiga, sudoración, trastornos del sueño, náuseas, dolor de estómago y fatalidad constante e inminente.

Trastorno de pánico

Un trastorno de pánico se caracteriza por ataques repentinos. Un ataque de pánico se describe como la sensación repentina de miedo y prisa de huir de algo, luchando para llegar a la salida más cercana. Es la abrumadora sensación de anticipación de que algo malo está sucediendo, está a punto de suceder. Los ataques de pánico surgen repentinamente y alcanzan un nivel de pánico en cuestión de minutos y pueden durar horas.

Los ataques de pánico generalmente se manifiestan como períodos repentinos de miedo intenso que pueden incluir temblores, palpitaciones cardíacas, dificultad para respirar, sofocos, dificultad para respirar, escalofríos, miedo, pérdida de control, entumecimiento, hormigueo, un miedo extremo repentino de muerte inminente y muerte.

Estos sentimientos son mucho más intensos que los que a menudo se asocian con las expresiones de ansiedad más tradicionales. Durante un ataque de pánico, estos síntomas pueden volverse tan severos que la víctima podría quedar paralizada durante todo el ataque.

Una de las diferencias más significativas entre un ataque de ansiedad y un ataque de pánico es que un ataque de ansiedad a menudo ocurre después de experimentar un factor estresante, mientras que un ataque de pánico puede materializarse sin un factor estresante claro. Si sufre un trastorno de ataque de pánico, es posible que evite ciertos lugares, personas y situaciones mientras evita los miedos que podrían desencadenarlo. No existe una causa conocida del trastorno de pánico, pero a menudo se encuentra en la familia, aunque no está claro si esto se debe a factores genéticos o ambientales.

Desorden de ansiedad social

Este tipo de trastorno de ansiedad se caracteriza por que las personas evitan socializar con un grupo, ya que temen ser juzgadas negativamente o avergonzadas públicamente. Este tipo de miedo se asocia con personas que tienen miedo escénico, miedo a mostrar afecto y miedo a la humillación. Se sabe que las personas con un trastorno de ansiedad social experimentan síntomas de ansiedad extrema cuando se encuentran en situaciones en las que se ven obligados a interactuar con otros.

Si no pueden evitar un tipo específico de socialización, pueden comenzar a sentir síntomas como aumento del ritmo cardíaco, náuseas, mareos y sudoración. Para que se le diagnostique un trastorno de ansiedad social, una persona debe experimentar este tipo de síntomas la mayor parte del tiempo durante al menos seis meses, y los síntomas deben ser lo suficientemente fuertes como para entorpecer su vida diaria. Si la idea de invitar a salir a alguien o hacer una presentación en el trabajo es suficiente para acelerar su corazón, es posible que sufra un trastorno de ansiedad social. Hay aproximadamente 15 millones de adultos estadounidenses que sufren de trastorno de ansiedad social y el inicio promedio es durante la adolescencia.

Fobias

Una fobia se puede definir como un sentimiento irracional de miedo a algo o una situación creyendo que puede causar daño. Una persona que tiene una fobia hace todo lo posible por evitar objetos o situaciones específicas para prevenir ataques de pánico desencadenados por estos miedos irracionales. Cuando se desencadena tal miedo, la ansiedad resultante puede hacer que se vuelva incontrolable.

Tener una fobia es esencialmente el miedo excesivo persistente a un objeto o situación que de otro modo sería inofensivo, que debe durar al menos seis meses y ser lo suficientemente grave como para llevarnos a evitar la situación o el objeto. Por ejemplo, no querer caerse de la cima de una montaña es perfectamente normal, pero si solo la idea de estar en un lugar alto es suficiente para hacer que tu corazón se acelere, encontrarte en el último piso de un edificio alto puede dejarte paralizado.

Alrededor del ocho al diez por ciento del mundo occidental ofrece fobias específicas. Una fobia puede surgir de una experiencia directa con un objeto, lugar o situación que ha salido mal. También podría ser el resultado de la experiencia de otra persona pasando por algo traumático. Este tipo de miedos suelen aparecer entre los 10 y los 17 años.

Trastorno obsesivo compulsivo
El trastorno obsesivo-compulsivo, o TOC, se caracteriza por pensamientos o acciones simples que son angustiosas y repetitivas. Las personas con TOC saben que sus reacciones compulsivas son irracionales, pero no pueden detener la sensación, por lo que alimentan su ansiedad. Tratan de justificar sus acciones con supersticiosos sentimientos de inseguridad. Las personas que padecen TOC suelen andar por el mismo patrón, están obsesionadas con la limpieza de sus objetos personales, siempre están al acecho del polvo y la suciedad, y como maníacos lavan los artículos, o muchas veces revisan cerraduras, estufas, interruptores de luz, o lo que sea.

Trastorno de estrés postraumático
El trastorno de estrés postraumático, PTSD, es una ansiedad que generalmente está arraigada en la mente de una experiencia previa que amenaza la vida. El trastorno a

menudo se asocia con hombres y mujeres que sirven en el ejército, pero puede afectar a cualquier persona que haya sufrido una situación de peligro inminente para la vida. Los ataques de pánico generalmente ocurren cuando estas personas se enfrentan a un desencadenante que les hace recordar un evento horrible, lo que hace que entren en modo golpe o huida.

Trastorno de ansiedad por separación
Este trastorno se caracteriza por una intensa manifestación de pánico al separarse de una persona, un lugar o una situación determinada. Los síntomas del trastorno de ansiedad por separación suelen ser comunes entre los niños pequeños cuando están separados de sus madres.

Cómo saber si tienes un trastorno de ansiedad .
El alcance del efecto de la ansiedad en un individuo depende de varios factores. Independientemente de la gravedad y el tipo de dolencia, si experimenta regularmente alguno de los siguientes síntomas, debe considerar seriamente su situación.

- Sentimientos de pánico, miedo e incomodidad.
- Preocuparse demasiado, especialmente con las cosas cotidianas.
- No ha dormido lo suficiente.
- Dificultad para respirar.
- Músculos tensos.
- Indigestión.
- Fatiga.
- Ser demasiado aprensivo acerca de sus acciones y comportamientos.
- Comportamientos compulsivos.
- Mareo.
- Náuseas.
- Manos frías o sudorosas .

La buena noticia es que los trastornos de ansiedad, al igual que cualquier otro problema mental, se pueden tratar. Ver a un médico es el primer paso ideal para obtener un diagnóstico correcto de su condición. Con un diagnóstico correcto, podrás tener una idea más clara de en qué consiste tu ansiedad, qué la desencadena y, lo más importante, cómo puedes solucionar el problema.

Entendido 3 - Prácticas para superar la ansiedad

Quizás se esté preguntando qué es exactamente la conciencia y cómo se puede usar para superar la ansiedad. En pocas palabras, en psicología, con el término conciencia significa la capacidad de ser consciente de lo que se percibe y de las propias respuestas conductuales. Es un proceso cognitivo distinto de la sensación y la percepción. Es un método para abordar la vida sabiendo que el presente es el único tiempo que cada uno de nosotros tiene disponible para sentirse vivo. La práctica de la atención plena es la capacidad de prestar atención conscientemente a nuestras experiencias internas y externas a través de una apertura y una actitud que deja de lado los juicios inútiles. Es una forma de dirigir nuestra conciencia al presente. Esto nos permite hacer un mejor uso de nuestros recursos, conocimientos y creatividad.

Cuando practicas la atención plena, aprendes a observar tus pensamientos y sentimientos a diario. Esto ayuda a crear un espacio entre sus sentimientos y reacciones, y le permite percibir cómo reaccionar reflexivamente ante la situación en lugar de una respuesta reflexiva automática.

Beneficios de la conciencia
La práctica de la atención plena puede ayudarlo a lidiar con muchas actitudes que pueden ayudarlo a aumentar su capacidad para llevar una vida significativamente mejor. Centrarte en el presente te hace superar lo sucedido en el pasado, además de despreocuparte por lo que sucederá en el futuro. Esto le permite administrar los eventos a medida que ocurren y le permitirá participar en las actividades de hoy, teniendo plena capacidad para manejar los eventos a medida que ocurren.

Cuando solo se ocupa de los eventos que suceden hoy, es menos probable que se preocupe por las cosas o se arrepienta de las acciones pasadas. Te preocuparás menos por el futuro y estarás mejor conectado con tu entorno social. Aquí hay tres beneficios para los que funciona la atención plena.

1. Alivia el estrés físico y previene problemas de salud.

La conciencia sirve para erradicar el estrés. El mundo está lleno de desencadenantes que provocan estrés, pero la conciencia te anima a pensar en la realidad presente, el estrés diario puede reducirse, si no eliminarse por completo. El estrés es una de las principales causas de muchas enfermedades como la hipertensión, la obesidad y las enfermedades del corazón, entre otras. Cuando practicas la atención plena todos los días, puedes eliminar el estrés en gran medida. Cuando puedas, elimina el estrés diario, de esta manera reducirás significativamente el riesgo de desarrollar incluso problemas de salud muy graves.

Eliminar preocupaciones
Practicar la atención plena te ayuda a eliminar tus preocupaciones diarias. La preocupación es uno de los mayores factores que pueden causar estrés y poner en peligro su salud física y mental. Sin embargo, si practicas la atención plena, puedes concentrarte en presentar y ver las cosas a tu alrededor tal como son sin prejuicios. Como no tienes que pensar en otras cosas sobre el futuro o el pasado, no hay de qué preocuparse para que puedas darle a tu cuerpo un buen descanso, tranquilidad y felicidad.
2. Eliminar la depresión y otros trastornos mentales.

Dado que la atención plena se considera un estado mental de concentración, puede ayudar a eliminar una serie de trastornos mentales como la ansiedad y la depresión. Si sufre de ansiedad o depresión, ignorar su estado mental podría crear la peor condición y causar condiciones aún más graves. Sin embargo, la práctica de la atención plena te anima a despejar tu mente de preocupaciones que pueden conducir a diversos trastornos mentales.

Capítulo 4 - Cómo usar la respiración para dominar el miedo

La respiración se define como una función automática del cuerpo gestionada por el sistema respiratorio y controlada por el sistema nervioso central. La respiración se puede definir como la respuesta del cuerpo a un estado de estrés, cuando hay un cambio marcado en los patrones y frecuencias de la respiración.

A los seres humanos se les ha dado el poder de controlar sus patrones de respiración, y los estudios han demostrado que con nuestra capacidad para controlar nuestros patrones de respiración podemos controlar y combatir el estrés y otras condiciones de salud relacionadas, como la ansiedad, el miedo y la depresión.

La respiración controlada se utiliza en la práctica de yoga, tai chi y otras actividades de meditación, también se utiliza para lograr un estado de relajación. Las técnicas de respiración controlada pueden ayudar a aliviar las siguientes condiciones:

- Desórdenes de ansiedad.
- Ataques de pánico .
- Síndrome de fatiga crónica.
- Ataques de asma .
- Dolor Intenso.
- Alta presión sanguínea.
- Insomnio.
- Estrés.

La relación entre el estrés y la respiración
El papel clave de la respiración es llevar oxígeno al cuerpo y eliminar el dióxido de carbono a través de los pulmones. Los músculos que rodean los pulmones, como el diafragma, controlan el movimiento de los pulmones, al igual que los músculos que se encuentran entre las costillas.

Las personas que sufren estrés cambian su respiración. Normalmente, cuando esté ansioso, tome respiraciones pequeñas y superficiales utilizando los músculos de los hombros, en lugar de los músculos del diafragma, para controlar el comportamiento respiratorio de los pulmones. Este tipo de mecanismo interrumpe el equilibrio de gases en el cuerpo. Por otro lado, la hiperventilación o la respiración superficial excesiva pueden prolongar mucho la sensación de ansiedad.

La respuesta de relajación de la respiración
Si se siente estresado o ansioso, puede relajar su cuerpo respirando lenta y suavemente por la nariz para ayudar a equilibrar sus patrones de respiración. Siguiendo el patrón de respiración de una persona relajada, el sistema nervioso maneja las funciones involuntarias del cuerpo. La respiración controlada también puede cambiar el estado fisiológico de una persona, al disminuir la presión arterial, disminuir la frecuencia cardíaca, disminuir las hormonas del estrés, reducir la acumulación de ácido láctico en los tejidos musculares y controlar los niveles de oxígeno y dióxido de carbono en la sangre.
Otros cambios fisiológicos en los que puede influir cuando aprende a controlar su respiración son el aumento de la energía física y el aumento de la calma y el bienestar.

Sistema nervioso simpático vs. parasimpático
Los patrones de respiración profunda estimulan el sistema nervioso parasimpático, o SNP, que es responsable de la actividad del cuerpo cuando estás en un estado relajado o cuando estás en reposo. Mientras, la hiperventilación fomenta lo contrario. El sistema nervioso simpático, o SNS, es responsable de las actividades físicas relacionadas con la respuesta de lucha o huida del cuerpo cuando se detecta estrés.

Puede comparar estos dos sistemas de esta manera; El PNS es la hermana tranquila, y el SNS es la hermana loca y desagradable que siempre está al borde de un ataque de nervios.

Cuando se trata de las funciones de nuestro cuerpo, la única forma que tenemos de controlarlas fácilmente es nuestra respiración, que es como podemos curarnos de la ansiedad. Al cambiar su mecanismo de respiración, puede ayudar a otras partes del cuerpo a funcionar normalmente y dar respuestas serias al estrés.

Ejercicios de respiración para reducir la ansiedad.
Hay tres ejercicios de respiración profunda que puedes practicar para superar la ansiedad y la depresión. Como se discutió anteriormente, el acto de hiperventilación puede aumentar y empeorar en gran medida los síntomas de estrés y ansiedad. Los siguientes ejercicios se pueden usar en cualquier lugar para ayudarlo a reducir los síntomas.

Respiración constante
Esta técnica de respiración controlada hace que su respiración sea más lenta y ayuda a maximizar la variabilidad del ritmo cardíaco, HRV, es una función del Sistema Nervioso Parasimpático. La técnica es sencilla y se puede realizar en cualquier lugar. Comienza respirando profundamente, contando hasta cinco y luego contando hasta

cinco nuevamente mientras exhalas. La técnica implica una frecuencia de cinco respiraciones cada minuto. Tome nota de cómo los cambios en su tarjeta respiratoria afectan la HRV, que es responsable de cambiar la forma de su sistema nervioso de PNS a SNS, o viceversa.

Respiración de resistencia
La respiración de resistencia, como su nombre indica, consiste en respirar resistiendo el flujo de aire que entra y sale del cuerpo. Una forma más fácil de lograr esto es respirar por la nariz en lugar de por la boca. Otra forma de practicar la respiración de resistencia es respirar mientras se canta . Este ejercicio es eficaz porque utiliza las cuerdas vocales para estrechar el paso del aire.

respiración en movimiento
La respiración en movimiento es una técnica para respirar con la imaginación. Te ayuda a respirar como si estuvieras empujando el oxígeno hacia arriba y expulsando todo el dióxido de carbono de tu cuerpo. Mientras inhalas, imagínate moviéndote empujando el aire desde tus pulmones hasta la parte superior de tu cabeza. Aprender a controlar su respiración puede reducir drásticamente sus síntomas de estrés y ayudarlo a superar su ansiedad. Al combinar técnicas de respiración controlada, como las enumeradas anteriormente, con atención plena, pueden ayudarlo a mantener la mente en calma y concentrarse en el presente.

Capítulo 5 - Cómo manejar tus pensamientos

Si a menudo experimentas pensamientos extraños y, a veces, incluso locos y quieres sacártelos de la cabeza, entonces te alegrará saber que puedes hacerlo cuando aprendas a manejar tus pensamientos para controlar tu ansiedad. Si bien es normal tener pensamientos locos y extraños de vez en cuando, lo que los hace poco comunes y fuera de lo común es cuando se repiten con frecuencia y cuando te cuesta olvidarlos. Estos pensamientos locos también pueden causar miedo porque son perturbadores. Si desea poder controlar sus pensamientos, deberá comprender los hechos que rodean los pensamientos ansiosos, sus raíces y cómo evitarlos.

Maneja tu ansiedad manejando tus pensamientos.
Cuando estás experimentando pensamientos locos, estás experimentando pensamientos ansiosos. Una persona que no sufre de ansiedad tendrá dificultades para comprender las diversas formas en que la ansiedad puede afectar el cuerpo y la mente. La explicación lógica de esto es que todas las personas experimentan ansiedad en diferentes momentos a lo largo de su vida. Algunas de las experiencias más comunes que pueden conducir a la ansiedad son: justo antes de una entrevista de trabajo, un examen o incluso la solicitud de una cita de alguien.

Sin embargo, estos casos de ansiedad tienden a pasar poco después de que termine el evento. Los trastornos de ansiedad pueden tener un impacto tanto emocional como físico y pueden conducir a un desequilibrio significativo. Crear pensamientos locos y aterradores es uno de los síntomas más comunes de la ansiedad. La ansiedad tiene la capacidad de cambiar los pensamientos haciéndote creer que estás perdiendo el contacto con la realidad. Esto te hace pensar que estás perdiendo la cabeza y por lo tanto te estás volviendo loco. Si sufres de estos síntomas, no tienes que preocuparte, son solo los efectos de tus pensamientos ansiosos.

¿Qué desencadena los pensamientos ansiosos?
Hay varios pensamientos ansiosos que se pueden tomar en consideración. Estos pensamientos no solo tienen su origen en la preocupación, sino que en la mayoría de los casos tienen su origen en los síntomas de la ansiedad misma.

Imágenes no deseadas
Las personas que padecen el trastorno obsesivo-compulsivo, TOC, son las que suelen ver imágenes no deseadas. Estas imágenes no deseadas suelen estar formadas por sentimientos de preocupación, inseguridad y la necesidad de protegerse y proteger la vida de sus seres queridos. A veces, estas imágenes no deseadas pueden desencadenarse por lo que más temes. Por ejemplo, las personas que padecen TOC pueden imaginar algún tipo de violencia severa, que puede ser realmente angustiosa. En respuesta a esta angustia, cierran todas las puertas. O pueden imaginar que podría ocurrir un gran incendio, por lo que continuamente verifican si hay fugas de gas. Estas acciones están directamente relacionadas con su ansiedad.

Preocupaciones no deseadas
La preocupación es la piedra angular de la ansiedad. En este sentido, alguien con ansiedad experimenta preocupaciones extrañas, muchas veces irracionales. Los hace preocuparse todo el tiempo de que algo malo pueda pasar. El síntoma de preocupación puede ser extremadamente persistente y arbitrario, pero todo se reduce al hecho de que las personas con ansiedad tienen una sensación extraña que les incomoda.

Miedo a volverse loco

El miedo a volverse loco es uno de los síntomas de las personas que padecen ansiedad, estos son tan distintos que podrían llegar a hacernos pensar que nos estamos volviendo locos. Este sentimiento es tan intenso que provoca muchos pensamientos no deseados y rápidos que son muy difíciles de controlar. Este miedo puede ser tan irracional que afecta las actividades diarias y puede tener un gran impacto en la vida de alguien con el trastorno.

Cómo evitar los pensamientos ansiosos
El miedo lo generan tus pensamientos, aquí tienes algunas formas de empezar a evitarlos:

Enfréntate al pensamiento
La lógica detrás del miedo. No quieres pensar en ese pensamiento en particular debido al miedo que lo acompaña. Por lo tanto, deberá descubrir cómo configurar su mente para no temer a los pensamientos. No importa cuán extraño sea el pensamiento que tengas, cuando aprendes a lidiar con él, los pensamientos en sí mismos ya no pueden ser motivo de miedo, y no importa si se repiten.

Crea el pensamiento
Otra forma de manejar sus pensamientos ansiosos es creando otro pensamiento antes de que suceda. A medida que su mente se acostumbre a los nuevos pensamientos, su miedo será suprimido. La razón detrás de este método es que cuando las personas temen algo, tienen que enfrentar sus miedos y eventualmente aprenderán cómo superarlos.

escribir el pensamiento
Una forma en que los profesionales tratan a las personas que sufren de ansiedad es hacer que escriban los pensamientos negativos para que desaparezcan de sus mentes. El gesto de

escribir esos pensamientos en un papel es como ponerlo en un lugar permanente para que la mente se relaje.

La práctica de escribir pensamientos de miedo y ansiedad te permite calmar la mente y olvidarlos. Estas son solo algunas formas simples en las que puede comenzar a lidiar con los pensamientos ansiosos que aparecen de repente y al azar. Estos sencillos pasos pueden ayudarte a evitar que surjan pensamientos debilitantes.

Capítulo 6 - Cómo administrar su negocio

Si actualmente lleva una vida ocupada e ininterrumpida, es posible que sus síntomas de ansiedad empeoren aún más. Cuando sigue un plan estratégico, puede reducir el estrés, el miedo y la ansiedad y tener la vida que desea. Nuestra sociedad se ha vuelto cada vez más desafiante en las últimas décadas. Estamos constantemente rodeados de actividades exigentes, desde el hogar hasta el trabajo, sin mencionar los deportes, los viajes y el tiempo en familia.

Hay una forma muy sencilla de acabar con la ansiedad y reducir el estrés. La planificación estratégica puede ayudarlo a poner su vida en perspectiva y poner las cosas en el lugar correcto. Aquí hay algunos consejos y estrategias para comenzar a reducir el estrés y superar la ansiedad.

Aprende a mantener un horario

Al mantener un horario, puede aprender cómo maximizar su disponibilidad. Su memoria no es una fuente confiable para realizar un seguimiento de todo lo que necesita hacer a lo largo del día. Mantenga un diario con usted y tómese el tiempo para escribir su plan para la semana. Mantenga un registro de su horario cuidadosamente y haga todo lo posible para que esto suceda. Manejar los síntomas de la ansiedad no es más que una cuestión de planificación y seguimiento diligente de un horario.

Descubre dónde pasas tu tiempo

Su horario le ayudará a realizar un seguimiento de dónde pasa la mayor parte de su tiempo. Concéntrese en las actividades que realiza regularmente todos los días. Aquí es donde comienza la gestión del tiempo. Determinar la cantidad de tiempo que dedicas a las actividades diarias puede ayudarte a reducir tus niveles de estrés y, al mismo tiempo, darte más tiempo para relajarte.

También puede ayudar tomar notas para futuras referencias. El seguimiento del tiempo dedicado le permitirá saber cuánto tiempo le lleva ir de compras, lavar la ropa, recoger a los niños de la escuela o incluso preparar la cena y puede ayudarlo a dedicar el tiempo que necesita para completar su trabajo. Siempre tiene sentido actuar con un propósito para que todo lo demás encaje en su lugar.

Gestión del tiempo y gestión de actividades.

Probablemente hayas oído hablar de la gestión del tiempo. Siempre es bueno aprender a administrar tu tiempo, es aún mejor aprender a administrar tus propios negocios, especialmente si sufres de ansiedad. Se nos da una cantidad de tiempo durante el día para hacer cosas, lo que realmente puede marcar la diferencia es aprender a distribuir este tiempo para no estar estresado o ansioso por la falta de tiempo.

La forma en que dedicamos nuestro tiempo a las muchas actividades que debemos hacer en un día puede marcar una gran diferencia en su vida. Al administrar su negocio, es muy importante priorizar su día. Tómate un tiempo para hacer una lista de todas tus actividades diarias, priorizando las actividades que creas que son más importantes.

Prioridad

Siempre es una buena idea mantener un horario y seguirlo de cerca, es igualmente importante priorizar estas actividades. Debe asegurarse de tomarse la cantidad de tiempo adecuada para completar las tareas asociadas con su salud, riqueza y conexiones. Al dar regularmente a estos aspectos una alta prioridad, puede abrir la puerta para vivir una vida de grandeza y felicidad sin ansiedad.

Planifica y practica

Solo necesitas planificar tus actividades para superar la ansiedad. La planificación viene con la práctica de poner tus planes en acción. Planear sin actuar es como desear sin hacer Debe haber una acción deliberada para poner los planes **a** trabajar.

Seguir un gran plan y apegarse a él es una excelente manera de reducir la ansiedad y el estrés y volver a poner todo en su lugar. Hay casos en los que los planes elaborados pueden verse entorpecidos por circunstancias, circunstancias o factores ambientales imprevistos. Tener un plan alternativo puede ayudarlo a evitar estas situaciones.

Los planes de respaldo generalmente se redactan cuando crea el plan original. Es una forma de resolver la pregunta "¿qué pasaría si?" que a menudo afecta a las personas con trastornos de ansiedad. Tener un horario y un plan para hacer frente a sus actividades es una excelente manera de reducir el estrés.

Capítulo 7 - Formas de encontrar la calma instantánea

Uno de los problemas más comunes que enfrentan las personas que sufren de ansiedad es hacer frente a la creciente intensidad de los síntomas.

Por ejemplo, suponga que va a una importante entrevista de trabajo y termina con una rueda pinchada. Si bien la acción de cambiar la llanta puede ser bastante fácil, como llamar a la persona con la que estabas a punto de encontrarte y explicarle por qué llegaste tarde, la ansiedad puede apartar tus pensamientos racionales y dirigirte a los más cómodos.

El manejo exitoso de la ansiedad tiene dos procesos distintos, el manejo a largo plazo y el manejo a corto plazo del trastorno. El proceso a largo plazo requiere que comprenda de dónde proviene su ansiedad; esto puede ayudar a disminuir los ataques de ansiedad que está experimentando. Sin embargo, este proceso llevará mucho tiempo y los ataques de ansiedad vienen ahora. En el momento presente, el objetivo es encontrar formas de calmarse rápidamente, para que su mente racional pueda recuperar el control de los pensamientos y miedos que huyen y que se ven exacerbados por el ataque en sí.

Las mejores maneras de encontrar la calma instantánea.
Hay muchas cosas que puede hacer para obtener un alivio instantáneo de los síntomas debilitantes que a menudo acompañan a la ansiedad. El truco es encontrar un lugar de calma durante un ataque de ansiedad, esto es para que tu mente vuelva a estar al mando. La ansiedad desencadena respuestas fisiológicas como frecuencia cardíaca rápida, sibilancias, aumento de la presión arterial. Las siguientes son solo algunas de las estrategias que puede utilizar para contrarrestar los efectos de un ataque de ansiedad y recuperar la calma al instante.

Conversación positiva

Cuando comienzas a sentir que se avecina un ataque de ansiedad, puede ser de gran ayuda darte un discurso alentador.

Para evitar sentirse abrumado, usar un diálogo interno positivo permitirá que el lado más asertivo de su personalidad tome el control. También puede ser útil susurrarte palabras tranquilizadoras mientras esperas que tu ritmo cardíaco y tu respiración vuelvan a la normalidad.

Imágenes guiadas

Cuando sienta que se acerca un ataque de ansiedad, puede ser útil imaginar una situación o lugar que lo haga sentir tranquilo y relajado.

Por ejemplo, puedes imaginarte descansando en un lugar apartado en una playa o en la cima de una montaña, lejos de las preocupaciones del mundo, o puedes imaginarte envuelto en una burbuja de seguridad y ninguno de los desencadenantes de ansiedad puede afectarte mientras estás allí. estás dentro También puede intentar traer un recuerdo feliz a su mente, como su primer beso, una gran victoria o la primera vez que cargó a su bebé.

Transportarte a estos tiempos y lugares, aunque sea temporal, puede ayudarte a manejar la situación que te genera la ansiedad. Para obtener los mejores resultados en esta práctica, asegúrese de involucrar todos sus sentidos cada vez que participe en un ejercicio de visualización como este. Puedes, por ejemplo, imaginar el sonido de un mar en calma y oler la brisa, o imaginar los colores presentes en un hermoso atardecer o un nuevo amanecer. Cuanto más vívida pueda hacer la imagen, más concreta será la oportunidad de encontrar la calma instantánea que está buscando.

Oración o meditación

Si eres religioso, quizás quieras considerar la oración como una forma de hacer esto experimentando una calma instantánea. Las investigaciones han demostrado que la oración es una forma efectiva de calmar muchos estados de ánimo negativos, especialmente si la oración implica entregar la situación de uno a un poder superior.

Puedes incluir en tu oración la petición específica que deseas para manejar mejor tu ansiedad. Si tienes una oración en mente, necesitas formularla específicamente, es importante que no tengas prisa. Asegúrate de traer cada palabra a tu mente como si nunca lo hubieras hecho antes, o como si estuvieras escribiendo la oración en un papel. Esto puede ayudarlo a cambiar el enfoque de sus pensamientos de la causa de su ansiedad a la mente más racional, lo que le brinda la oportunidad de volver a enfocar la parte racional de su cerebro.

Si no eres del tipo de oración pero estás buscando una experiencia así, puedes probar una meditación simple, que es la técnica de enfocarte en tu ser interior para lograr un estado alterado de conciencia. Hay muchas maneras de meditar para lograr la calma instantánea. A algunos les gusta meditar repitiendo un mantra específico, como "Om" una y otra vez, mientras que a otros les gusta meditar a través de ejercicios físicos como el tai chi o el yoga, mientras que otros encuentran que simplemente sentarse en silencio contemplativo también es efectivo. es efectivo para traer calma instantánea. La meditación a menudo tiene éxito porque cuando tu mente está acelerada y te presenta una gran cantidad de pensamientos confusos, un ejercicio de concentración, como la meditación, puede ser efectivo para eliminar lo que sea que te esté causando ansiedad. La meditación también puede promover la conciencia para reducir la reacción de la mente al estrés.

Capítulo 8 - Ponerse a tono

Si eres propenso a la ansiedad, es probable que tu mente sea tu mayor enemigo. Cuando te enfrentas a una situación potencial que puede causarte ansiedad, es fácil comenzar a imaginar lo peor o comenzar a culparte a ti mismo para que los síntomas se amplifiquen en segundos. Si realmente desea controlar su ansiedad, debe ser rápido para capturar sus pensamientos autodestructivos y reemplazarlos con la misma rapidez con pensamientos facilitadores.

Cómo lidiar con pensamientos innecesarios
La Terapia Cognitiva Conductual (TCC), es una escuela de psicoterapia que establece que si deseas manejar los pensamientos negativos, debes hacer un esfuerzo consciente para detenerlos y reemplazarlos inmediatamente por otros positivos. Para ello, es necesario emplear la estrategia de las 3C: Cese, Calma, Cambio.

Fase uno: cese
El primer paso para lidiar con pensamientos innecesarios es dejar conscientemente de pensar en pensamientos negativos. La mejor manera es dejar de concentrarse en los pensamientos negativos y usar una estrategia para distraerse. Esto puede parecer un poco trivial; después de todo, no controlaría esos pensamientos destructivos, ¿así que es mejor no pensar en eso y huir? La palabra clave en esta pregunta es un escape. Piensa de esta manera; si un viejo carro de madera rueda cuesta abajo hacia ti, ciertamente no lo detendrás parándote frente a él; entonces pensarás en escapar. Un ejemplo más práctico sería intentar no pensar en un elefante rosa. Para aquellos con ansiedad, ese elefante comenzará a presionar más y más fuerte en la mente hasta que sea literalmente todo lo que puedan pensar . Para dejar

de pensar en el elefante rosa, debes intentar desviar la atención hacia otra cosa.

La distracción trabajará para descarrilar el poder de ese pensamiento abrumador y te dará la oportunidad de recuperar el control de tus procesos de pensamiento. Entonces, la pregunta es, ¿cómo puedes distraerte? Una técnica muy reconocida es golpear una banda elástica contra tu muñeca cuando comienzas a tener pensamientos innecesarios y saboteadores. El fuerte impacto del elástico al golpear la piel puede desviar efectivamente su atención. Otro método que puedes probar es participar en algo físico, como saltar arriba y abajo, chasquear los dedos al ritmo o tararear una canción. También trata de cambiar tu atención a una imagen cómica o extraña que te haga sonreír.

Paso dos: cálmate

Cuando puedas liberarte del agitado ciclo emocional, tus pensamientos volverán a ser tuyos. En este punto, los pensamientos que desea son los calmantes. En capítulos anteriores, ha descubierto varias técnicas que puede utilizar para cambiarlas en un instante, así que cálmese y empiece a pensar con más claridad.

El manejo del estrés incluye escuchar música relajante, ejercicios de respiración, visualizar que estás en un lugar tranquilo. Si eres religioso, es posible que la oración o la meditación te ayuden. Deja y abandona tus preocupaciones, tus frustraciones, confiando en que serás guiado por tu fuerza.

Paso tres: cambiar

El último paso para lidiar con los pensamientos inútiles es convertir deliberadamente los pensamientos negativos en positivos, lo hemos dicho una y otra vez. Este es un proceso conocido como reencuadre, en el que cambias activamente la perspectiva de una situación para que puedas ver otro ángulo en el que quizás no hayas pensado antes. Por ejemplo, si crees que podrías perder tu trabajo por un pequeño error que cometiste y que desencadenó tu ansiedad, entonces puedes tratar de pensar en todas las razones posibles por las que tu empleador querría retenerte en cualquier caso.

Si crees que eres un fracaso, trata de pensar en lo que has aprendido de tus errores, especialmente piensa en cuánto has aprendido de esos errores que obviamente nunca volverás a cometer. Tal vez te preocupe no poder complacer a todos todo el tiempo, pero ¿realmente puedes pensar en alguien que tenga este poder?

Entendiendo tus sentimientos

Hasta ahora hemos discutido cómo los pensamientos pueden aumentar la ansiedad. Sin embargo, los sentimientos también juegan un papel importante en los síntomas de ansiedad, y ponerse en contacto con los sentimientos es tan importante como controlar sus pensamientos. Los sentimientos se refieren a experiencias subjetivas que son emociones, como la felicidad, la ira, la tristeza, la alegría y el afecto.

También hay emociones más subjetivas como la sensación de estar "atrapado" o sentirse perdido. Es difícil definir qué es un sentimiento, y tal vez por eso muchas personas tienden a ignorar sus sentimientos en favor de pensamientos u otras observaciones más objetivas.

Por ejemplo, si le pregunta a un grupo de personas cómo se sienten sobre un tema determinado, a menudo responderán con palabras no emocionales, como "todo estará bien" o "Creo que todo estará bien".

Hay una tendencia pronunciada a subestimar e ignorar los sentimientos. Hay muchos factores que pueden contribuir a este fenómeno. Muchos de los cuales pueden atribuirse a experiencias de la infancia. Si eres hombre, lo más probable es que te hayan educado para pensar que "los hombres no lloran".

Si le han enseñado que expresar enojo o desaprobación de cualquier manera es inapropiado. Si a cualquier edad se sintió ridículo por expresar emociones, existe una gran posibilidad de que se resista a compartir sus emociones con alguien en el futuro.

Darse cuenta de que los sentimientos no son ni buenos ni malos.

Los sentimientos son amorales, en el sentido de que no son ni buenos ni malos. Vienen sin previo aviso; no eliges enojarte, solo te enojas. No se te puede culpar por lo que sientes, por algo que no controlas racionalmente. Lo único a tener en cuenta es cómo reaccionas a esos sentimientos. No es lo que sientes sino cómo manejas esos sentimientos lo que marca la diferencia.

Puede sentirse indignado por un accidente, pero expresar esa indignación con violencia no es apropiado en la mayoría de las situaciones. Las acciones tomadas en el calor del momento no suelen ser el mejor curso de acción que puede tomar.

Desafortunadamente, la ansiedad a menudo anula el pensamiento racional. Por esta razón, no es bueno tomar ningún curso de acción cuando se está en medio de un ataque de ansiedad. Lo más importante es que recuerdes que puedes probar cualquier cosa.

Sentirse ansioso no es más "malo" que sentirse enojado, feliz o triste. Saber esto podría ayudarte a no culparte por la ansiedad que sufres. Si bien la emoción tormentosa es desagradable, permite que fluya a través de ti y espera a que desaparezca; esta suele ser la mejor manera de deshacerte de ella.

Reconoce tus sentimientos

Una forma de saber cómo te sientes es utilizar la técnica conocida como journaling, en otras palabras, creas un diario en el que escribes todas las emociones que estás experimentando. Escribir un diario es una excelente manera de desahogarse. Todo lo que tienes que hacer es escribir exactamente lo que sientes, sin cambiar nada. Cuanto más auténtico sea su diario, más efectivo será el proceso para usted. Para sacarle el máximo partido a tu diario, te recomiendo que releas periódicamente lo que has escrito.

El diario puede ayudarlo a descubrir patrones, ver conexiones entre estímulos y emociones y brindarle más información sobre cuánto control ha ganado sobre su ansiedad. Al leer cómo te las arreglaste para superar los ataques de ansiedad anteriores, comienzas a comprender que cuando estás bajo las garras de un nuevo ataque, las cosas no parecerán tan malas.

Diario

Capítulo 9. La importancia del sueño

Uno de los problemas más indicativos que aqueja a quienes padecen ansiedad es la dificultad para dormir. Cuando tiene dificultad para dormir, tiende a despertarse cansado por la mañana, y será mucho más difícil hacer frente a los síntomas asociados con su ansiedad.

Existen varias estrategias que podrían ayudarlo a dormir bien todas las noches. Si sabe lo que debe evitar usando algunas de las técnicas que se analizan a continuación, no debería ser difícil comenzar a dormir lo suficiente.

El primer paso es averiguar cuánto sueño necesita cada noche. La mayoría de los adultos necesitan al menos ocho horas para sentirse descansados, esto puede variar de persona a persona. Para saber cuánto debes dormir, te recomiendo que pruebes diferentes horarios para acostarte y despertarte. Debes intentar acostarte a la misma hora todas las noches y luego despertarte de forma natural. Es posible que tarde varias semanas en convertirse en una rutina, sabiendo esto, entonces puede probar una de las siguientes técnicas para ayudarlo a descansar lo suficiente.

Ambiente de dormitorio

Si desea comenzar a dormir mejor por la noche, debe configurar el dormitorio, esto lo ayudará a conciliar el sueño más rápido y permanecer dormido. Comience por quitar de la habitación los televisores, los sistemas de juegos, las computadoras y otros dispositivos electrónicos y cree un espacio que lo invite a descansar. Mantenga la habitación fresca, idealmente entre 18 y 20 grados. Desea oscuridad total cuando intenta dormir, así que revise su iluminación si nota que entra demasiada luz en la habitación, cuelgue algunas cortinas, donde la luz podría infiltrarse. También puede hacer cambios en su cama asegurándose de que su colchón y almohada sean cómodos y siempre limpios.

Si ha tenido su propia cama durante más de diez años, puede ser el momento de invertir en un colchón nuevo y más cómodo.

Rituales antes de acostarse

Puede mejorar sus posibilidades de dormir bien por la noche si establece una rutina normal a la hora de acostarse.

Incluso si te consideras hiperactivo e impulsivo, tu cuerpo aprecia una rutina y responderá a ella. Esto se puede hacer estableciendo primero un horario para acostarse. Intenta acostarte y levantarte a la misma hora todas las noches, incluso los fines de semana o cuando no tengas que trabajar o madrugar. Esto configurará su reloj interno y lo ayudará a entrar en el patrón de sueño a horas regulares.

Empieza a entrenar tu cuerpo para saber que es hora de irse a dormir. Tómese un tiempo para darse un baño o una ducha tibios, o haga algo específico que separe sus actividades diurnas de las actividades a la hora de acostarse. Lee un libro o escucha música relajante. Establecer este tipo de rituales te ayudará a dormir rápidamente.

Yoga y mediación

Parte de la rutina a la hora de acostarse podría incluir yoga o meditación. Este tipo de práctica puede ayudar a relajar la mente y sincronizarla con tu cuerpo. Una postura de yoga simple que puede practicar antes de acostarse se llama elevación de la pierna recta.

Simplemente tienes que tumbarte en el suelo, con la espalda pegada a él. Luego doble una rodilla y extienda la otra pierna. Levante lentamente la pierna estirada en el aire hasta que forme un ángulo de 90 grados con su cuerpo. Bájalo lentamente al suelo. Haga esto diez veces con cada pierna y su mente comenzará a calmarse, los músculos de su espalda y cuello comenzarán a relajarse y estará listo para irse a dormir.

La práctica de la meditación no tiene por qué ser complicada. Una vez que esté cómodamente acostado en su cama, puede comenzar a practicar la respiración abdominal para ayudar a relajar tanto su cuerpo como su mente, lo que, a su vez, lo preparará para dormir mejor. Para ello, coloca las manos sobre el estómago e inhala profundamente por la nariz. Mientras exhala, concentre su mente en esa respiración y expulse el aire de su boca. Cuando te enfocas en esto, distraes tu mente de los pensamientos que podrían distraerte del sueño.

Ejercicio
Una de las mejores maneras de dormir es asegurarse de estar físicamente agotado por las actividades del día. Hacer ejercicio con regularidad ayudará a que su cuerpo esté listo para dormir cuando sea el momento. Hacer ejercicio vigoroso aumenta su actividad cardiovascular es la mejor manera de agotarse, pero incluso el ejercicio ligero lo cansará físicamente antes de acostarse. Cualquier cosa que pueda hacer para tener un destello de actividad física mientras está despierto le garantiza que le ayudará a dormir mejor por la noche.

Comportamientos diarios
Cuando está tratando de dormir mejor por la noche, hay algunas cosas que puede hacer durante el día para asegurar una buena noche de sueño. Primero, evite las siestas durante el día. Tomar una siesta al mediodía o dormir por la tarde puede aumentar la posibilidad de que su cuerpo permanezca despierto más tarde. Haga todo su trabajo temprano en el día

y reserve la última o dos horas antes de acostarse para relajarse. Esto significa cerrar su computadora portátil, evitar enviar mensajes a su teléfono, dejar facebook o youtube y dejar el correo electrónico para mañana.

Trate de evitar beber y fumar. Consumir alcohol, incluso durante el día, estos hábitos pueden arruinar los horarios y ritmos de tu cuerpo. Lo último que quieres es trabajar duro para entrenar tu cuerpo para dormir y luego no poder descansar porque te has bebido más de una copa de vino en la cena.

Estas son algunas de las mejores cosas que puede hacer para ayudarlo a dormir mejor y recuerde que puede llevar algo de tiempo. Haz lo que puedas para establecer un horario de sueño relajante y pronto verás los beneficios.

Capítulo 10 - Cambiando tu estilo de vida

Si desea superar la ansiedad y el miedo, deberá realizar algunos cambios en su estilo de vida, comenzando con su dieta. Puede pensar que cambiar su dieta es una forma extraña de curar la salud mental, pero los científicos han descubierto una relación directa entre lo que come y su estado de ánimo.

Hay algunos alimentos y bebidas que se sabe que desencadenan y agravan los episodios de ansiedad. También hay algunos alimentos y bebidas que tienen un efecto calmante sobre el sistema nervioso. Si sufre de ansiedad, tal vez quiera recordar el viejo adagio: "Eres lo que comes".

Los alimentos que deben evitarse

Si desea controlar mejor su ansiedad, hay varios alimentos que debe evitar. Es importante entender esto porque muchos de los alimentos que consideramos reconfortantes en realidad pueden hacer más daño que bien.

Estimulantes

Si tiene un trastorno de ansiedad, debe evitar los estimulantes como la cafeína y la nicotina. Los estimulantes aumentan el trabajo del sistema nervioso, lo que provoca síntomas parecidos a la ansiedad, como dificultad para respirar, palpitaciones y problemas gastrointestinales. Cuantos más estimulantes ingiera a lo largo del día, mayores serán sus posibilidades de experimentar un ataque de pánico.

Sal

La sal priva al cuerpo de potasio, que es fundamental para que el sistema nervioso funcione correctamente. También puede causar un aumento de la presión arterial y aumentar los problemas del corazón.

Si eres propenso a la ansiedad, lo mejor es evitar los alimentos con alto contenido de sodio. Incluyendo queso, pretzels, ensalada de papa, fritos, papas fritas, fiambres y estofado. La sal también es un favorito en la mayoría de los productos de comida rápida, evitar esto último sería un buen comienzo.

Alcohol

El alcohol es un sedante natural. Si bien puede hacerte sentir tranquilo y sedado en poco tiempo, también puede deshidratarte. Esta es la razón por la que beber demasiado provoca resaca porque tu cerebro ha perdido demasiada agua. La deshidratación causada por el consumo de alcohol a menudo puede exacerbar la ansiedad de las personas propensas a la ansiedad y los ataques de pánico.

Participar en fisioterapia.

Lo último que probablemente no quieras hacer cuando sufres de ansiedad es hacer ejercicio. Sin embargo, el ejercicio es una de las formas más efectivas de controlar la ansiedad. Es posible que no pueda curar la ansiedad de forma permanente, pero puede ayudar a aliviar los síntomas de manera significativa. El ejercicio ayuda a estabilizar la cantidad ideal de sustancias químicas, como la dopamina y la serotonina, en el cuerpo, lo que ayuda a mejorar el estado de ánimo general.

Los investigadores encontraron que el ejercicio ayuda a estimular la producción de nuevas células cerebrales resistentes al estrés. Por lo tanto, cuanto más ejercicio haga, mayor será el número de estas células cerebrales resistentes al estrés, lo que puede hacer que se sienta más tranquilo y relajado, incluso ante situaciones que le provoquen ansiedad o pánico. Se puede decir que el ejercicio ayuda a renovar el hardware de su cerebro para que siempre funcione en óptimas condiciones.

Para concluir

La ansiedad puede ser difícil de sobrellevar y eventualmente puede apoderarse de todos los aspectos de la vida a menos que haga algo al respecto. Ahora que ha adquirido más conocimientos sobre cómo manejar su ansiedad, no podrá tener los beneficios de superar su ansiedad a menos que comience a practicar los pasos que ha aprendido.

Comience por hacer el pequeño movimiento de incorporar más diversión, entusiasmo, alegría y emoción a su vida. Una vez que lo haga, nunca mirará hacia atrás porque estará motivado para hacer su vida mejor y más feliz. La buena noticia para usted es que su trastorno de ansiedad es tratable y puede tomar las medidas adecuadas para controlar los síntomas y, en última instancia, superarlos. Al manejar sus pensamientos, comprender y aceptar sus sentimientos e incorporar técnicas de atención plena y respiración en su rutina diaria, puede comenzar a tomar el control de su vida y desterrar la ansiedad y el miedo para siempre. Se puede lograr una vida libre de ansiedad y ahora tiene todas las herramientas que necesita para superar su ansiedad y comenzar a vivir la vida que se merece. Con un poco de paciencia, una conciencia de nuestro entorno y un compromiso de llevar a cabo las lecciones que ha aprendido, puede estar bien encaminado para trabajar y superar los muchos aspectos de su condición debilitante. Lo único que le queda por hacer para comenzar a sentirse mejor y controlar su ansiedad es implementar las lecciones que ha aprendido recientemente. ¡No espere, comience a recuperar su vida hoy mismo!

Capítulo 11 . Un largo capítulo sobre la conciencia

La vida está llena de cambios inesperados, desafíos y tiempos caóticos. Es fácil dejarse llevar por la lista aparentemente interminable de tareas, tareas y plazos que parecen acumularse sin que te des cuenta. Esto puede hacerte sentir destrozado en cuerpo, mente y espíritu.

Una vez que te sientes así, puede parecerte casi imposible despertar a la belleza y los beneficios de la vida. Esto puede hacerte sentir completamente desesperanzado y cansado de tu propia vida, y tu salud, tanto física como mental, puede verse afectada.

Afortunadamente, existe una manera de mejorar su vida incluso durante los momentos más caóticos o estresantes. Los estudios han demostrado que la atención plena es una técnica clave para mejorar el cuerpo, la mente y el espíritu, independientemente de la situación, incluso en tiempos de caos.

En resumen, la conciencia es el acto de estar en el presente, pero hay más. En este capítulo, aprenderemos qué es la conciencia y las técnicas clave para volverse más consciente. Como resultado, aprenderás a potenciar toda tu esencia durante estos tiempos caóticos y difíciles.

Este capítulo será especialmente útil para aquellos que nunca antes han probado o practicado la atención plena. Creé este libro para el lector novato, permitiéndole ser una especie de guía para principiantes.

Incluso si ya ha practicado la atención plena, este libro puede serle útil. Ofrezco una variedad de ideas, prácticas únicas, consejos y trucos que te ayudarán a mejorar tu práctica actual de atención plena.

Comenzamos observando la conciencia y lo que significa ser consciente durante tiempos caóticos. Entonces, pasemos a discutir cómo usar la atención plena para mejorar su cuerpo, mente, espíritu y crecimiento personal. En los últimos dos capítulos, discutimos cómo la meditación puede afectar la conciencia y ofrecemos consejos clave sobre cómo reunir todas las herramientas que aprendimos en el libro.

Sin más preámbulos, comencemos a aprender sobre la conciencia y cómo puede mejorar toda tu esencia y bienestar.

La conciencia es la capacidad de estar plenamente en el presente, en lugar de pensar en el pasado, el futuro o cualquier otro evento que nos aleje del tiempo presente. Ser consciente incluye ser consciente de dónde estamos, qué estamos haciendo y cómo nos sentimos. También incluye estar en contacto con nosotros mismos, conocer nuestras limitaciones y comprender nuestras metas y deseos para la vida.

Como ser humano, es fácil sentirse abrumado por pensamientos y eventos que no sean el presente. Esto nos convierte en lo contrario de la conciencia, lo que arrasa con nuestra salud física, mental y emocional. Por ejemplo, el estrés laboral puede distraernos de apreciar a nuestra familia, causando problemas en el hogar. La conciencia puede ayudar.

Todas las personas son capaces de tomar conciencia, aunque parezca difícil. Nuestro cerebro es totalmente capaz de concentrarse en el presente y perfeccionar las distracciones de la vida. Dicho esto, puede ser increíblemente difícil hacer esto, por lo que las prácticas de atención plena son tan útiles. Practicar la atención plena puede enseñarnos y entrenarnos para concentrarnos mejor en el presente, permitiéndonos ignorar cualquier otra cosa que pueda ser una distracción.

Comprender el punto de conciencia

Antes de comenzar su viaje de conciencia, es importante comprender lo que puede y no puede hacer por usted. Si tiene expectativas poco realistas sobre la atención plena, puede ser increíblemente fácil sentir que la atención plena no está funcionando y abandonar la práctica por completo.

Mucha gente cree que la conciencia se trata de alcanzar un estado de felicidad. La dicha se describe a menudo como un estado de felicidad perfecta que no tiene en cuenta otros factores que la rodean. Es importante reconocer que la conciencia no se trata de alcanzar un estado de felicidad. Este estado es imposible de lograr porque siempre habrá desafíos y dificultades en la vida que interrumpan este supuesto estado. En otras palabras, la dicha no existe.

Dicho esto, la conciencia puede y debe hacerte sentir más feliz y satisfecho con tu vida en general, pero también más realista al respecto. Esto permite que la conciencia se oriente hacia la apreciación de tu vida y de ti mismo. Te ayuda a ver las luchas pasadas en poco tiempo y apreciar la vida que tienes, incluso en tiempos difíciles.

Por esta razón, el objetivo de la conciencia es ayudarte a vivir una vida mejor. Vivir una vida mejor incluye estar más satisfecho con su situación, responder de manera más compasiva y racional a las situaciones difíciles y ser más compasivo con usted mismo y con los demás. La conciencia no se trata de crear una vida perfecta, sino de crear la vida que deseas vivirla.

Si comprende que este es el punto de la atención plena, puede establecer más fácilmente objetivos realistas para su entrenamiento de atención plena. Estos objetivos deben reflejar sus habilidades actuales y sus deseos futuros, de modo que persiga activamente su vida ideal.

Es importante tener en cuenta que la conciencia no se trata de estar siempre en el presente. Como humanos, estaríamos completamente abrumados y sobrecargados si nos quedáramos en el presente todo el día, todos los días. Hay momentos en nuestra vida en los que debemos pensar en el pasado, el futuro o nada.

Beneficios de la conciencia

Los efectos de la atención plena han sido estudiados por varios estudios clínicos, lo que nos permite saber con confianza que la atención plena mejora nuestra salud y bienestar en general. Por ejemplo, la conciencia puede mejorar las siguientes condiciones:

• Estrés

- Ansiedad

- Dolor

- depresión

- Presión arterial

- Insomnio

- Diabetes

- Enfermedades cardiovasculares

La atención plena también ayuda a aumentar la atención, regular las emociones y aumentar la motivación y la satisfacción general con la vida. Juntos, estos beneficios le permiten vivir una vida más sana y feliz.

Recapitulemos

Mindfulness es el acto de estar en el presente para poder vivir una vida más saludable y feliz. A medida que se vuelva más consciente, experimentará una variedad de beneficios para su salud emocional, mental y física.

CONCIENCIA EN TIEMPOS DE CAOS

La vida está llena de momentos y eventos inesperados, estresantes y difíciles. Cada vez que surgen estos tiempos difíciles, es fácil sentirse abrumado, con exceso de trabajo y, en general, insatisfecho con su vida. Aún más preocupante es que los humanos a menudo ignoran estos sentimientos o los culpan a la debilidad cada vez que surgen.

Esto hace que uno se sienta aún peor en esta situación, creando un ciclo interminable de estrés, ira e insatisfacción.

Para detener el ciclo de frente, debemos reconocer cómo nos sentimos, comprender completamente la situación y tomar medidas activas para ser más compasivos con nosotros mismos y resolver problemas para salir de la situación. Para muchas personas, detener el período es realmente difícil. O sienten que sus sentimientos no son importantes o racionales o sienten que pueden controlar sus emociones simplemente ignorándolas.

Muchas personas en particular ignoran sus sentimientos cuando sienten que esta situación no es lo suficientemente "mala" para justificar sus emociones. Una cosa dañina que hacen los humanos es compararse con los demás. Al confrontar tu propia situación con la de otra persona, es fácil sentir que tu situación no es tan mala y que solo tienes que superarla. Esto hace que la situación se intensifique hasta que las emociones exploten.

¿Qué importa en un "tiempo de caos"?

Para evitar cometer el error de subestimar sus emociones, es importante reconocer cuándo una situación es difícil, desafiante o caótica para usted. Cada persona tiene sus propias limitaciones, lo que significa que no debes comparar tus tiempos caóticos con los de otra persona.

En resumen, un momento caótico es cualquier cosa que te haga sentir estresado, abrumado, con exceso de trabajo o caótico. No importa cuál fue la situación o el evento. Lo único que importa es cómo te sientes en respuesta a la situación. Esto puede incluir sus emociones reales, así como la forma en que planea reaccionar ante la situación.

Cualquier cosa, desde una prueba fallida hasta la muerte de un familiar, puede considerarse un momento de caos. Es importante aceptar que cualquier cosa que te haga sentir mal cuenta como un momento caótico. Te debes a ti mismo aceptar este hecho para que puedas aprender las herramientas para navegar mejor esos tiempos de una manera saludable y funcional.

Efectos negativos de los tiempos caóticos

Es importante navegar adecuadamente por nuestros sentimientos y respuestas durante tiempos caóticos. Muchos estudios han demostrado que los eventos o períodos caóticos causan efectos de salud costosos y que alteran la vida. Por ejemplo, tiempos caóticos mal manejados pueden conducir a lo siguiente:

- Aumento del estrés

- Aumento de la ansiedad

- Insomnio

- Enfermedades cardiovasculares

- crisis nerviosa

- Malas relaciones

- Obesidad

Cómo ayuda la conciencia

Para combatir estos efectos no deseados para la salud, es importante manejarse de manera saludable durante estos tiempos. La atención plena es una de las mejores formas de aprender a calmarse en medio de una tormenta caótica. Al practicar la atención plena, puede aprender a comprender mejor el problema en cuestión, conectar su racionalidad con sus emociones y responder a las personas y a usted mismo de una manera más compasiva y respetuosa.

Simplemente practicando la atención plena todos los días, podrá manejar mejor cualquier situación que se le presente. Le ayudará a ser más compasivo y resistente, lo que le permitirá enfrentar todos los desafíos de la vida con confianza y entusiasmo.

Recapitulemos

La vida está llena de dificultades, desafíos y caos. Si no nos manejamos adecuadamente durante estos tiempos difíciles, nuestros cuerpos, mentes y espíritus pueden sufrir y sufrirán. Afortunadamente, la atención plena es una herramienta para combatir los sentimientos de estrés o inadecuación en tiempos de caos. Nos permite calmarnos, conectarnos mejor con nuestra racionalidad y responder con respeto y compasión.

LA MENTALIDAD Y EL CUERPO

Como era de esperar, ser consciente y optimista durante tiempos caóticos tiene un impacto significativo en el bienestar físico y el cuerpo. De hecho, ser consciente es una de las mejores maneras de mejorar su salud física durante tiempos caóticos y monótonos por igual. Veamos cómo la conciencia afecta al cuerpo.

Beneficios de la práctica de Mindfulness para el cuerpo

La atención plena se ha estudiado con frecuencia, lo que nos ha proporcionado una gran cantidad de investigaciones y datos sobre los beneficios para la salud de la atención plena en nuestro cuerpo.

Disminuye las enfermedades del corazón

En particular, mucha investigación ha encontrado que la conciencia puede ser buena para los corazones. Dado que las enfermedades cardíacas son una de las principales causas de muerte en el mundo occidental, es imperativo que cuidemos nuestros corazones de todas las formas posibles.

Más específicamente, algunos estudios han demostrado que la atención plena y la relajación muscular progresiva, que analizaremos con más detalle en la siguiente sección, reducen significativamente la presión arterial sistólica y diastólica en personas con hipertensión. En consecuencia, disminuye el riesgo de enfermedades del corazón, ya que reduce la presión arterial.

La investigación también muestra que los practicantes conscientes tienen corazones más fuertes, lo que les permite mejorar su frecuencia respiratoria durante el ejercicio.

En un estudio en particular, a algunas personas con enfermedades cardíacas se les asignó aleatoriamente una práctica consciente y luego se las sometió a una prueba de caminata de seis minutos.

Los asignados a meditar mostraron signos de latidos cardíacos más lentos, una medida de la capacidad cardiovascular, durante la prueba.

Aumenta la respuesta del sistema inmunológico.

Otra forma en que la conciencia afecta nuestro cuerpo es que mejora nuestra respuesta inmunológica. Cada vez que nuestro cuerpo se encuentra con virus u organismos que causan enfermedades, envía células inmunitarias para combatirlos. Los estudios han encontrado que la conciencia afecta a estas células.

Más específicamente, varios estudios han demostrado que la conciencia a menudo aumenta los niveles de células T o la actividad de las células T en pacientes con VIH o cáncer de mama. Si bien esto no es una prueba de que la conciencia curará la enfermedad, sugiere que la conciencia mejorará los biomarcadores que indican la progresión de la enfermedad.

En otro estudio, a pacientes de edad avanzada se les asignó aleatoriamente un curso de reducción del estrés basado en la atención plena o un programa de ejercicio de intensidad moderada. Los pacientes que practicaban mindfulness tenían una mayor cantidad de proteína interleucina 8 en sus secreciones nasales. Esta mayor cantidad de proteína sugiere una mejor función inmunológica.

Reduce el envejecimiento celular

Todo el mundo quiere vivir para siempre, pero nuestras células envejecen naturalmente, lo que hace que nuestros cuerpos también envejezcan. Algunos estudios han sugerido que los practicantes de atención plena desde hace mucho tiempo tienen una mayor longitud o actividad de los telómeros. La longitud de los telómeros está asociada con el envejecimiento celular. Cuanto mayor es la longitud, más lento es el envejecimiento celular.

telómeros son pequeños fragmentos de ADN que se encuentran al final de cada cromosoma. La parte terminal del ADN es muy inestable: se degrada químicamente y está sujeta a recombinaciones más frecuentes que el resto de la molécula. La función de los telómeros es evitar que la hélice se deshilache. Básicamente actúan como protectores de plástico en los extremos de los cordones.

Los telómeros no contienen información genética significativa para la expresión de una determinada característica. En cambio, juegan un papel importante (aún no completamente entendido) en la determinación de la vida útil de cada célula. Por ejemplo, se acortan constantemente con cada duplicación. Consisten en un grupo característico de nucleótidos, los componentes básicos del genoma (es decir, timina, adenina, guanina y citosina). En la mayoría de los mamíferos, la secuencia de los telómeros es siempre la misma. Algunos investigadores argumentan que bastaría con suministrar a la célula telómeros para alargar su vida.

Un estudio encontró que los sobrevivientes de cáncer a los que se les recetó atención plena tenían telómeros más largos que aquellos a los que no se les recetó . Por el contrario, otros estudios han encontrado que algunos sobrevivientes conscientes no tienen diferencias en la longitud de los telómeros, sino que tienen una mayor actividad de los telómeros. Este aumento de la longitud y la actividad de los telómeros deja a los científicos optimistas sobre la conexión entre la conciencia y la reducción del envejecimiento celular.

Porque la conciencia beneficia al cuerpo.

Cada vez que experimentamos estrés, nuestro cuerpo responde físicamente enviando varias hormonas y sustancias químicas. Estas hormonas y químicos están diseñados para ayudarnos a actuar y resolver problemas para salir de situaciones difíciles.

Si bien estas hormonas y químicos son útiles en poco tiempo para aumentar la productividad o solucionar problemas, son extremadamente dañinos para nuestro cuerpo si se liberan constantemente. Siempre que estamos en un estado constante de estrés, como cuando vivimos en una época caótica, nuestro cuerpo responde con demasiada fuerza.

La conciencia, sin embargo, nos calma, lo que le indica a nuestro cerebro que deje de liberar hormonas y sustancias químicas asociadas con el estrés. Esto permite entonces que nuestro cuerpo se recupere y regenere con más frecuencia, haciéndonos más saludables tanto a corto como a largo plazo.

Conciencia corporal y prácticas.

Para desbloquear todos los beneficios de la atención plena y el cuerpo, es importante conocer las mejores prácticas de atención plena que se relacionan con el cuerpo. Estas son las técnicas de atención plena más populares que ayudan a mejorar la salud física y el bienestar de su cuerpo.

Relajación muscular progresiva

La relajación muscular progresiva es una técnica de conciencia diseñada específicamente para controlar el estrés y aliviar el dolor relacionado con el estrés. Cada vez que experimenta estrés, su cuerpo a menudo responde con tensión muscular. La relajación muscular progresiva ayuda a aliviar esa tensión, disminuyendo así el dolor.

La forma en que funciona la relajación muscular progresiva es que es una serie de tensión y relajación de cada grupo muscular de su cuerpo. Cuando sueltas intencionalmente los músculos, el cuerpo se relaja, lo que le indica al cerebro que experimente menos dolor y estrés y que se relaje más.

1. Acuéstese

Empieza a acostarte boca arriba en un área donde no te interrumpan. Estírate cómodamente. Mucha gente prefiere hacer esto en un piso alfombrado. Es posible que desee evitar probar esta técnica en una cama, ya que las camas son blandas y pueden inhibir su capacidad para ponerse rígido y relajarse adecuadamente.

2. Respira, contrae y relaja

Una vez que estés en un lugar cómodo, inhala y contrae el primer grupo muscular. Mantenga durante unos cuatro a diez segundos. Luego, exhala mientras relajas completamente el grupo de músculos. No relaje los músculos gradualmente. En su lugar, relájelos inmediatamente o todos a la vez. Mantenga los músculos relajados durante unos diez a veinte segundos.

3. Repetir por todo el cuerpo

Una vez transcurrido el tiempo de relajación/descanso, pasa al siguiente grupo muscular y repite el proceso una vez más. Cuando termine todos los grupos musculares, regrese al presente contando hacia atrás de cinco a uno.

- grupo muscular
- como esforzarse
- Manos
- Apretar los puños
- muñecas y antebrazos
- Extienda los brazos y doble las manos hacia atrás sobre la muñeca.
- bíceps y brazos
- Aprieta los puños con las manos, dobla los brazos por el codo y flexiona los bíceps.
- Espalda
- Encogerte de hombros
- Frente
- Arruga
- Ojos y puente de la nariz

Quítese los lentes de contacto antes de comenzar la práctica, si es necesario, y cierre los ojos lo más fuerte posible.

- Mejillas y mandíbulas
- Sonríe lo más ampliamente posible
- Boca
- Presiona tus labios lo más fuerte posible.
- Cofre
- Inhala profundamente y mantén la posición de cuatro a diez segundos.
- atrás
- Arquee la espalda y aléjese de la superficie sobre la que está acostado.
- Estómago
- Aspirar lo más fuerte posible
- caderas y nalgas
- Aprieta las nalgas lo más fuerte posible.
- Piernas inferiores
- Flexiona los dedos de los pies hacia la cara y luego dóblalos hacia abajo al mismo tiempo.

Escaneo corporal

La práctica de escaneo corporal es una forma de conectarse con cómo se siente su cuerpo en ese momento. Al igual que con una práctica de relajación muscular progresiva, puede encontrar muchas prácticas guiadas de escaneo corporal en línea. Aquí hay un vistazo rápido a cómo escanear su cuerpo con fines de concientización.

1. Acuéstese y esté atento

Comience y acuéstese sobre una superficie cómoda pero firme. Una alfombra o piso con un tapete será la milla. Cierra los ojos y trata de llamar la atención sobre los sentimientos que te rodean. Siente la superficie sobre la que estás acostado, nota la pesadez de tu cuerpo e intenta detectar la temperatura del aire. Cada vez que sientas que te estás alejando durante tu práctica, vuelve a este paso.

2. Respira intencionalmente

Comienza a prestar atención a tu respiración. Trate de ralentizar su respiración lo más lentamente posible, haciendo un esfuerzo consciente para alargar la exhalación para que sea más larga que la inhalación. Es posible que desee contar su respiración para mantener su respiración uniforme y profunda. Muchas personas comienzan inhalando durante cuatro segundos, sosteniendo durante cinco segundos y exhalando durante siete segundos.

3. Inicie el escaneo corporal

Cuando esté listo, suelte el aire al exhalar. Enfoca tu atención ahora en la pierna izquierda e intenta imaginar el ojo de tu mente entrando en el dedo gordo del pie izquierdo. Preste atención a cómo se siente, pero no mueva la pierna de ninguna manera. Solo trata de mantener tu atención en la sensación de tu pierna. Lleva tu atención a los otros dedos de la pierna y continúa la práctica.

Cuando esté listo, abra su conciencia a la parte superior del pie y levántese lentamente por toda la pierna izquierda, comenzando en el tobillo y moviéndose hacia arriba. Una vez que haya alcanzado la parte superior de la pierna izquierda, repita la práctica comenzando con el dedo gordo del pie derecho.

4. Trabaja a tu manera

Después de repetir todos los pasos en la pierna derecha, trabaje con cuidado todo el cuerpo, comenzando por las caderas y luego continuando por la región pélvica, la espalda, los hombros, los brazos, las manos, el estómago, el pecho, el cuello y la cabeza. Trate de notar cada sensación que tenga, incluso cuando no se esté moviendo.

5. Fin

Después de completar el escaneo de todo el cuerpo. Abre aún más tu atención para que puedas reconocer todas las sensaciones del cuerpo a la vez. Es posible que desee imaginar la respiración por todo su cuerpo durante este paso. Cuando esté listo, puede abrir los ojos, estirarse un poco y levantarse suavemente.

Durante la práctica, es posible que su mente divague sobre diferentes ideas, recuerdos o listas de tareas pendientes. Reconozca suavemente el pensamiento y luego déjelo ir cuando haya llegado a una conclusión natural.

Bebiendo una bebida caliente

Si no tiene tiempo para una relajación muscular progresiva o un escaneo corporal, puede intentar beber una bebida caliente. Esta técnica de atención plena es excelente para incorporarla a su rutina matutina o descanso para tomar café, por lo que es ideal para aquellos que están en movimiento.

1. Prepara tu bebida

Todo lo que tienes que hacer es seleccionar tu bebida caliente favorita y prepararla como de costumbre. La mayoría de las personas prefieren seleccionar una bebida sin cafeína, como agua tibia con limón o té de hierbas, para esta práctica, pero también puedes probarlo con tu taza de café de la mañana. Funcionará con la misma eficiencia.

2. Respira el vapor antes de beber

Antes de comenzar a beber, respire profundamente algunas veces para ponerse en contacto con cómo se siente. Lentamente lleva la taza a tu boca pero no bebas todavía. En su lugar, sigue respirando profundamente, inhalando el vapor. Observe cómo se siente el aire caliente cuando entra por la nariz, el cuerpo y sale por la boca. Después de algunas rondas, puede comenzar a beber su bebida.

3. Bebe despacio

Mientras bebe su bebida caliente, tómela a sorbos lentamente. Preste atención a cómo se siente el líquido en la lengua y fluye por la garganta. Además, observe cómo el líquido tibio llena su vientre después de ingerirlo. Haga esto mientras bebe toda la taza. Una vez que haya terminado de beber, coloque la taza sobre una mesa e inhale profundamente y exhale rápidamente. Fíjate si te sientes diferente que antes.

Recapitulemos

La atención plena tiene un impacto positivo en nuestros cuerpos al disminuir el riesgo de enfermedades cardíacas, mejorar la inmunidad y retrasar el proceso de envejecimiento. Simplemente practicando la relajación muscular progresiva, el escaneo corporal o bebiendo una bebida caliente, puede indicarle a su cuerpo que se relaje, lo que aumenta la salud y el bienestar general de su cuerpo.

CONSIDERACIÓN Y MENTE

Así como la conciencia afecta positivamente al cuerpo, también afecta positivamente a la mente. De hecho, la conciencia literalmente cambia el cerebro, permitiéndole funcionar correctamente. Como resultado, tu mente ha mejorado, permitiéndote ser un mejor estudiante, oyente y pensador.

Beneficios de la práctica de la atención plena.

Gracias a la tecnología médica moderna, los investigadores pueden estudiar exactamente cómo la atención plena y la meditación afectan al cerebro. Desde entonces, han aparecido numerosos estudios que muestran que la atención plena tiene un gran impacto en el cerebro, permitiéndote ser la mejor versión de ti mismo. Mejorar las habilidades de razonamiento y aumentar la atención.

Practicar la atención plena mejora las habilidades de razonamiento y aumenta la atención. Los estudios han encontrado que la atención plena y la meditación aumentan la actividad cerebral en la corteza frontal, que es el área del cerebro asociada con el pensamiento racional, la planificación intencional, el funcionamiento efectivo y la conciencia y el control emocional. Si la corteza frontal está más activa, eres más capaz de resolver problemas y pensar fuera de la caja en situaciones difíciles.

Además, la conciencia aumenta la actividad cerebral en la corteza cingulada anterior o ACC. Esta área del cerebro está asociada con cosas como la regulación de las emociones, la autopercepción y la atención. Si el ACC está más activo, puede prolongar su capacidad de atención, lo que le permite concentrarse durante períodos más largos y aprender contenido técnico más fácilmente.

Juntos, estos dos beneficios (mejorar las habilidades de razonamiento y aumentar la atención) le permiten ser un mejor estudiante, trabajador o empresario. Podrá pensar en técnicas de resolución de problemas más efectivas y concentrarse en cualquier tarea que tenga entre manos.

Mejora tu memoria

El hipocampo también se ve afectado por la conciencia. El hipocampo se encarga de crear nuevos recuerdos, en lugar de vivir en el pasado. Los estudios han encontrado que los pacientes con PTSD o depresión severa tienen un hipocampo más pequeño, lo que explica en parte por qué estos pacientes son menos capaces de desconectarse del pasado y vivir en el presente.

La conciencia aumenta la materia gris dentro del hipocampo, mejorando su capacidad para crear nuevos recuerdos. Cuando creas nuevos recuerdos, por lo general estás más satisfecho con tu vida en el presente, en lugar de concentrarte en cosas del pasado. Esto generalmente permite que las personas se sientan más felices y satisfechas con su vida.

Regula las emociones y mejora la compasión.

Tanto la corteza frontal como la ACC están asociadas a la regulación de las emociones. A medida que mejoren ambas regiones del cerebro, también mejorará su regulación emocional. A medida que sus emociones se vuelven más reguladas, es más capaz de ver las situaciones tal como son, conectar situaciones reales con sus sentimientos y vivir una vida más feliz en general.

Al mismo tiempo, la conciencia aumenta la compasión y la autocompasión. Esto le permite responder a situaciones difíciles de una manera más comprensiva y responsable. También te permite verte a ti mismo de una manera más positiva, lo que evita representaciones irracionales de ti mismo. Ayuda a conectar el hemisferio izquierdo y derecho del cerebro.

La atención plena también ayuda a conectar los hemisferios izquierdo y derecho del cerebro. El hemisferio derecho a menudo se asocia con el procesamiento emocional y no verbal, mientras que el hemisferio izquierdo se asocia con el pensamiento lógico y el procesamiento verbal. Cuando los dos hemisferios trabajan juntos, eres más capaz de conectar tus sentimientos emocionales con la racionalidad y el mundo exterior, lo que te permite ser más realista.

El cuerpo calloso es el encargado de conectar los dos hemisferios. Los científicos creen que cuanto más denso sea el cuerpo calloso, mejor será la capacidad del cerebro para conectar ideas o procesos entre los dos hemisferios. La idea es que una persona con un cuerpo calloso más grueso sea capaz de comprender mejor sus sentimientos y relacionarlos con hechos de la vida real, lo que le permitirá ser más responsable y realista en sus respuestas a partir de ahora.

Mindfulness y prácticas mentales

Estas son las tres mejores formas de practicar la atención plena para mejorar la mente y el cerebro:

Crea una rutina matutina

Una rutina matutina ayudará a preparar el escenario para su día. Si tiene una mañana caótica, es probable que el resto del día sea estresante, caótico y desorganizado. Haz tu mejor esfuerzo creando una rutina matutina consciente que te mantendrá motivado y relajado para el día siguiente. La rutina matutina de cada persona debe adaptarse a sus preferencias y deseos. Dicho esto, hay algunas reglas que a la mayoría de las personas les gusta incorporar en su rutina matutina para que sus días sean más conscientes.

1. Cuelga el teléfono

Primero, trate de no usar un dispositivo durante la primera hora que esté despierto. Usa esta hora para conectarte verdaderamente contigo mismo y tus sentidos, a diferencia de Instagram o tu bandeja de entrada. Si bien esta regla puede ser imposible de implementar todos los días, haga todo lo posible para evitar usar su teléfono o dispositivo durante su rutina matutina.

2. Establece una intención

Otro aspecto importante de la rutina matutina de la mayoría de las personas es establecer una intención para el día. Muchas veces, es tan fácil caer en la trampa de despertar, trabajar, comer, dormir, permitiendo que nuestras vidas funcionen en piloto automático. Para evitar que esto suceda, establezca una intención que coincida con sus necesidades y la lista de tareas del día. Durante el día, verifique sus intenciones y vea qué tan bien lo está haciendo.

3. Escríbelo

A algunas personas también les gusta escribir un diario o escribir una lista de agradecimiento todas las mañanas. El diario te permitirá conectarte con tus sentimientos y preparar el escenario para el día, mientras que una lista de gratitud te permitirá concentrarte verdaderamente en lo que importa en tu vida. Esto evitará que te atasques en sentimientos negativos o situaciones difíciles que puedan surgir en tu camino.

afirmaciones repetidas

Las afirmaciones son dichos cortos pero inspiradores que te dices a ti mismo, en tu cabeza o en voz alta. Los estudios sugieren que las afirmaciones repetidas reconfiguran el cerebro para pensar de manera más positiva y compasiva. Como resultado, repetir afirmaciones es una de las mejores formas de utilizar la atención plena para mejorar el cerebro y la mente.

Puede buscar ideas de afirmación en línea o crear las suyas propias prestando atención a sus necesidades, inseguridades y cualquier otra cosa que pueda estar pesando en su mente. Por ejemplo, si se siente inadecuado para el trabajo, cree una declaración como "Soy competente y capaz". Una declaración como esta abordará directamente sus problemas sin dejar de ser fácil de recordar a diario.

La única regla para las afirmaciones es que deben ser breves. La razón de esto es que obviamente es más fácil recordar una oración corta que una larga. Cree afirmaciones relevantes y atractivas para que las recuerde durante varios días a la vez. Es importante repetir la declaración durante varios días seguidos, ya que así es como se reconfigura nuestro cerebro . Discutiremos las afirmaciones con más detalle en el próximo capítulo.

Recapitulemos

La conciencia aumenta dramáticamente nuestras mentes haciéndonos mejores estudiantes y oyentes, así como haciéndonos más compasivos y emocionalmente estables. Para aumentar los beneficios de la atención plena para su mente, intente crear una rutina matutina consciente para preparar el escenario para el día o recite afirmaciones que aborden sus necesidades, deseos o debilidades exactas.

LA MENTALIDAD Y EL ESPÍRITU

Cada vez que la vida se vuelve caótica o difícil, el espíritu a menudo se siente agotado, cansado y francamente horrible. Es importante usar la conciencia para apuntar al espíritu, ya que es casi imposible apreciar la vida cuando te sientes de esta manera. Si bien la conciencia no necesariamente tiene un impacto medible en el espíritu como lo hace en la mente, aún puede mejorar mucho su espíritu. Beneficios de la Práctica de Mindfulness para el Espíritu.

Dado que el espíritu no es un órgano medible como el cerebro o el corazón, los beneficios de la atención plena en el espíritu son más ambiguos y menos estudiados. Esto no quiere decir que la conciencia no ayude al espíritu. Por el contrario, la conciencia es una gran influencia en tu espíritu. En cambio, simplemente significa que los resultados no son tan fáciles de medir o cuantificar.

Aumenta tu bienestar

Cómo mejorar tu bienestar ha sido una de las preguntas más frecuentes desde la antigüedad. El "bienestar" de una persona a menudo se refiere a su salud desde una perspectiva holística, que incluye el cuerpo, la mente y el espíritu. Para mejorar su bienestar, es esencial centrarse en su espíritu, ya que a menudo es el aspecto más olvidado del bienestar.

Los estudios han encontrado que la atención plena es una de las mejores formas de mejorar el bienestar. Te libera de distracciones, se enfoca en lo que importa y disminuye la rumiación. Tu espíritu entonces se vuelve menos inquieto y tu bienestar mejora.

Aumentar la satisfacción con la vida.

Una de las peores características de un espíritu agotado es sentir que la vida no tiene sentido o encuentra satisfacción en la vida. Si no te gusta tu vida, es fácil ceder y darse por vencido. Sin satisfacción en tu vida, es casi imposible superar cualquier situación, y mucho menos una caótica.

Los estudios han demostrado que la atención plena aumenta la satisfacción con la vida. De hecho, un estudio encontró que las personas que practican la atención plena creen que la vida que están viviendo se asemeja más a la vida que quieren vivir, o su vida ideal.

A medida que se enfoca en su espíritu y se siente más satisfecho con la vida, es probable que mejoren otros aspectos de su vida. La satisfacción con la vida es uno de los factores más importantes que determinan el agotamiento laboral. Cuanto más satisfecho esté con la vida, es menos probable que se sienta agotado por el trabajo, lo que aumenta su satisfacción y funcionalidad laboral.

La satisfacción con la vida también mejora la satisfacción en tus relaciones. El viejo proverbio dice: "Nadie puede amarte si primero no te amas a ti mismo". Aunque otras personas te amen a pesar de todo, no creerás que te aman hasta que te ames a ti mismo. Si mejora su satisfacción en la vida, es mucho más fácil disfrutar de los que le rodean y participar verdaderamente en modelos de relación saludables.

Mejorar la autoestima

Una de las funciones más importantes del espíritu es reflexionar sobre uno mismo y comprender verdaderamente quién es usted como individuo. Si tu espíritu está agotado y cansado, puede ser difícil comprenderte o conocerte a ti mismo, por lo que es imperativo utilizar la atención plena para mejorar el espíritu.

Estudios recientes han encontrado que la atención plena es una excelente manera de aprender más sobre uno mismo y aumentar la autoestima. Dado que las acciones de juicio y la inconsciencia son los culpables del conocimiento inadecuado de ti mismo, la conciencia te obliga a mirarte de cerca, con honestidad y compasión, permitiéndote ser más perspicaz.

A medida que aumenta su autoestima, puede comprender mejor por qué toma las decisiones que toma y cambiará los comportamientos no saludables en consecuencia. También aumentará tu estabilidad emocional ya que tendrás una mejor comprensión de ti mismo.

Conciencia y prácticas del espíritu.

Una de las mejores formas de mejorar el espíritu es repetir afirmaciones positivas y verdaderas basadas en tus necesidades exactas. El espíritu de la mayoría de las personas está desgastado porque creen cosas dañinas y falsas sobre sí mismos. Usa afirmaciones para reconfigurar las creencias negativas sobre ti mismo. Aquí le mostramos cómo crear y usar afirmaciones que realmente mejoran su vida y su espíritu:

1. Reflexión

Reflexiona sobre ti mismo, tus sentimientos y tus acciones. ¿Hay algún sentimiento que sigue saliendo? ¿Qué te ha estado molestando últimamente? ¿Qué quieres mejorar de ti mismo? ¿Qué te gustaría que alguien más te dijera? Reflexionar sobre estas preguntas te ayudará a saber exactamente en qué áreas necesitas trabajar dentro de ti. Si te saltas esta etapa de reflexión, no estarás creando afirmaciones que realmente afectarán tu forma de pensar, tu espíritu o tu vida.

2. Crea las afirmaciones

Una vez que haya identificado sus áreas débiles, podrá crear afirmaciones útiles. Asegúrese de que las declaraciones aborden el problema directamente y sean breves y fáciles de recordar. A medida que repitas estas declaraciones, debes ser capaz de recordarlas en un mes.

Por ejemplo, si su reflexión le ha mostrado que se siente inseguro con sus habilidades en el trabajo, cree una declaración que aborde específicamente la inseguridad. "Soy competente y sé cómo hacer mi trabajo" es una gran declaración para este tema. Es corto, dulce y le da la vuelta a la inseguridad original directamente sobre su cabeza.

3. Repite las afirmaciones

Las afirmaciones requieren mucha recitación para mejorar tu vida. Repite tu afirmación por la mañana y por la noche, cinco veces cada una, durante al menos un mes. Incluso si comienza a sentir una mejoría antes, siga diciendo las afirmaciones durante al menos un mes. Es posible que desee decir las afirmaciones por más tiempo según sus necesidades.

Recapitulemos

Tu espíritu es una parte del ser a menudo olvidada. Mejora tu espíritu practicando mindfulness. Si lo hace, aumentará su bienestar, aumentará su satisfacción con la vida y mejorará su autoestima. Intente crear y recitar afirmaciones específicas para tomar conciencia de su espíritu.

CONSIDERACIÓN COMO OPORTUNIDAD DE CRECIMIENTO

La atención plena es una gran herramienta cuando las cosas son caóticas y difíciles. Nos ayuda a conectarnos con nosotros mismos y con el presente, haciéndonos sentir más arraigados a pesar de la situación caótica. Pero, ¿qué sucede cuando las cosas van bien? Entonces, ¿también deberías practicar la atención plena?

Practica la atención plena cuando las cosas van bien.

Puede ser increíblemente fácil olvidar su entrenamiento de atención plena cuando ocurren situaciones caóticas y difíciles, pero aún es importante practicar la atención plena durante estos momentos. Si practicas la atención plena incluso en los días buenos, mejorarás cada vez más en el pensamiento consciente. Como resultado, ya conocerá las herramientas y los trucos que lo ayudarán a mantenerse conectado incluso durante los días malos.

Consideremos una analogía deportiva. Incluso los atletas más capaces entrenan y se preparan para un gran juego o partido. De hecho, es su práctica lo que les permite ganar.

Ser consciente de los buenos días es como entrenar a un atleta: te enseña cómo quieres sentirte y te prepara para los malos días. Esto entonces te permite estar consciente incluso en los días malos, incluso cuando es difícil.

Crecer para volverse más resistente

Si practica la atención plena todo el tiempo, podrá manejar mejor las situaciones difíciles cuando ocurran.

El entrenamiento de atención plena como una oportunidad de crecimiento sin importar en qué parte de la vida te encuentres. Los estudios muestran que la conciencia aumenta la resiliencia, que es la capacidad de recuperarse de situaciones difíciles. A medida que se vuelve más resistente, crece y aprende a enfrentar todos los desafíos de la vida. Esto hace que la resiliencia sea uno de los mayores indicadores del crecimiento personal.

Si no eres resiliente, es imposible superar los desafíos y las adversidades. La resiliencia debe ser uno de los atributos personales más importantes para cultivar y nutrir, ya que simplemente no tendrá éxito sin ella.

Ser más resistente

Hay cuatro áreas principales en las que debemos centrarnos para ser más resilientes. Todas estas áreas se benefician del entrenamiento de atención plena, así que asegúrese de concentrarse en estas áreas cuando esté consciente.

1. Compasión

Vuélvase más resiliente siendo compasivo con usted mismo y con los demás. Si bien debe hacerse responsable de sus acciones, sea amable, solidario y compasivo consigo mismo. No te digas nada a ti mismo que no le dirías a un amigo. A medida que te vuelves más compasivo contigo mismo, también encontrarás que eres más compasivo con los demás.

2. Aceptación

Aceptar los hechos tal como vienen y distinguirlos de los sentimientos. Aceptar un hecho no es darse por vencido. En cambio, es darte a ti mismo una perspectiva saludable para que puedas abordarlo de manera activa, adecuada y saludable.

3. Apertura

Ser resiliente implica estar abierto a nuevas ideas y perspectivas. Usa tu entrenamiento de atención plena para salir de tu zona de confort y estar más abierto a nuevas ideas, perspectivas y técnicas para lidiar con todos los problemas de la vida. Pregúntate dónde están tus zonas de confort y descubre por qué están ahí.

4. Creatividad

Una vez que esté abierto a nuevas ideas, debe ser lo suficientemente creativo para visualizar y ejecutar los resultados que desea. Vea su vida como un viaje, no como un punto fijo, que requiere constante reelaboración y visualización. Usa tu creatividad para crear tu *vida ideal.*

Recapitulemos

Trata los buenos días como días de entrenamiento practicando la atención plena sin importar lo que pase. Ser consciente de los días buenos le dará las habilidades emocionales y la resistencia para volverse resistente y hacer frente a los días caóticos de manera más eficiente. Incorpore compasión, aceptación, apertura y creatividad en estas prácticas para aumentar aún más su resiliencia y crecimiento.

CONCIENCIA EN LA MEDITACIÓN

Los términos "conciencia" y "meditación" a menudo se usan indistintamente, pero no son lo mismo. Sin embargo, hay una buena razón por la que a menudo se usan juntos. Puede usar la meditación para volverse más consciente y desbloquear todos los beneficios de la conciencia para usted.

Conciencia frente a Meditación

La conciencia es el acto de estar presente en el momento. Hay muchas formas de ser consciente, como por ejemplo a través de afirmaciones, una rutina matutina o una relajación muscular progresiva. No importa exactamente lo que hagas para ser consciente, siempre y cuando estés auténticamente en el presente.

La meditación es una práctica formal que implica ser consciente, pero es solo un ejemplo de la práctica de la atención plena. Las personas a menudo asocian la meditación con una práctica espiritual, pero tanto personas religiosas como no religiosas pueden usarla para volverse más saludables y más conscientes del presente.

Cuando piensas en la atención plena y la meditación, reconoces que la meditación es una práctica formal que implica ser consciente, pero la atención plena no es solo meditación exclusivamente. Del mismo modo, la meditación no se trata solo de la conciencia; puede haber otros objetivos de meditación además de la conciencia. Puede ser útil pensar en la atención plena como una perspectiva general de la vida que se puede ver a través de una variedad de prácticas, como la meditación formal.

Cómo practicar la meditación consciente

Hay una variedad de estilos de meditación para elegir. Si ya meditas, puedes continuar meditando en el estilo que más te guste. Para aquellos nuevos en la meditación, aquí hay una práctica de meditación consciente simple para probar en casa:

1. Crea para ti un momento especial

La vida puede estar extraordinariamente llena de plazos, trabajos y recados. Dedique un tiempo especial a su meditación consciente para asegurarse de que su práctica no sea arrastrada por un mar de tareas. Todo lo que necesitará es algo de tiempo, un espacio tranquilo y tal vez una almohada o una manta para que la experiencia sea más cómoda.

2. Crea tu espacio

Cuando sea el momento de practicar, apaga todas las posibles distracciones. Esto incluye poner su teléfono en modo avión, atenuar las luces y decirles a los miembros de la familia que no ingresen a su espacio de meditación hasta que haya terminado.

Si quieres usar una almohada o una manta, colócalas donde quieras meditar. Aunque no son necesarios, harán que sentarse sea más cómodo y relajante. Además, programa una alarma para la hora a la que quieras practicar.

3. Observa el momento

Siéntate en tu lugar de meditación y cierra suavemente los ojos. Deje que su respiración fluya naturalmente y que se profundice por sí sola. Tómese este tiempo para observar el momento, estableciendo el tono para su práctica de atención plena.

Recuerda que el propósito de esta práctica no es calmar la mente. En cambio, está prestando atención al momento, que incluye tus pensamientos, sentimientos y sensaciones. Si tratas de calmar estas cosas, tu práctica será completamente inútil.

4. Sea amable con sus pensamientos y déjelos venir.

Tu mente está obligada a divagar durante este tiempo. Tómese el tiempo para notar y apreciar sus pensamientos, sin importar cuán grandes o pequeños puedan parecer en ese momento. Sea honesto y amable con el pensamiento también, recordando siempre hablarse a sí mismo como hablaría con un extraño.

Tan pronto como el pensamiento llegue a su fin natural, vuelve a tu momento presente. En la vida cotidiana, es fácil dejar que nuestros pensamientos deambulen como una bola sin fin. Evita que esto suceda volviendo a tu presente.

5. Fin

Siempre que se te acabe el tiempo, tómate un tiempo para notar si te sientes diferente. De esta manera puedes aprender de la meditación y hacerlo mejor en el futuro. Si necesita ayuda para comprender sus sentimientos, tómese el tiempo de escribir un diario sobre la experiencia y piense realmente en ello.

Recapitulemos _

La meditación es una gran práctica para tu conciencia. Si bien no es lo mismo que la conciencia, es una herramienta para conectarse con el presente para volverse más consciente en un entorno formal. Si decides meditar, recuerda ser amable contigo mismo, aceptar los pensamientos y reflexionar sobre la experiencia. De esta forma maximizarás los efectos de la meditación.

UNIRLO TODO: CONCIENCIA HOLÍSTICA PARA TODA SU ESENCIA

Hasta ahora, hemos visto cómo ser consciente durante tiempos caóticos, así como también cómo ser consciente del cuerpo, la mente, el espíritu y el crecimiento. Lo que no hemos visto es cómo juntar todas estas piezas para obtener una visión más holística de la conciencia.

Por qué es importante la conciencia holística.

Si te enfocas en un solo aspecto de la conciencia, verás mejoras, pero no lograrás los resultados deseados. Use una variedad de prácticas de atención plena para concentrarse en el cuerpo, la mente y el espíritu como aspectos igualmente importantes de su bienestar.

Varios estudios han demostrado que ver la mente, el cuerpo y el espíritu como entidades separadas tiene varios efectos negativos en la salud de su cuerpo. Por ejemplo, aquellos que diferencian entre espíritu y cuerpo son más propensos a practicar hábitos poco saludables como evitar el ejercicio o comer poco saludable.

Si bien puede parecer extraño que separar la mente y el cuerpo resulte en prácticas dañinas, es cierto. Si no los ves juntos, tu mente no piensa en conectar tu vida y acciones diarias a consecuencias físicas o mentales.

Esto debería alentarlo a ver los tres aspectos en relación entre sí. Si tu mente no está sana, tu espíritu y tu cuerpo probablemente tampoco lo estén. Asimismo, puede ser difícil estar mental y espiritualmente sano si no se cuida el cuerpo. Cuida todo tu bienestar atribuyéndole sentido y conectividad al cuerpo, la mente y el espíritu.

Conciencia holística

La conciencia funciona de la misma manera. Si te enfocas en un solo aspecto de la atención plena, sucederá lo mismo: tus habilidades de atención plena se verán obstaculizadas y es posible que ya no veas el punto en la práctica. Evita este error considerando la conciencia como una conexión íntima entre el cuerpo, la mente y el espíritu. Mejorar cualquier aspecto de la autoconciencia significa mejorar todos los aspectos.

Cómo practicar la conciencia holística

La forma más sencilla de practicar la atención plena holística es incorporar todos los aspectos en cada práctica de atención plena. Si ha notado que en casi todos nuestros ejemplos de práctica de atención plena, hemos incorporado sentidos corporales, emociones y claridad mental en la práctica de atención plena. Al incorporar los tres factores, está practicando una conciencia más holística.

Dicho esto, algunas prácticas de atención plena están orientadas a problemas específicos. La relajación muscular progresiva es un gran ejemplo de una práctica de atención plena más orientada al cuerpo. No hay absolutamente nada de malo en practicar la relajación muscular progresiva y, de hecho, es uno de los mejores tratamientos para el dolor.

Dicho esto, no debes limitarte a relajar los músculos progresivos. En su lugar, incorpore otra práctica de atención plena en su rutina diaria para obtener una perspectiva más holística. Si disfruta de la relajación muscular progresiva antes de acostarse, intente crear una rutina matutina consciente para crear más equilibrio.

Meditación a través del yoga

La meditación puede ser una excelente manera de concentrarse en los tres aspectos de la atención plena. Dado que hay una variedad de prácticas de meditación, será fácil encontrar una que te guste. Muchas personas consideran que el yoga es una práctica de meditación increíblemente útil y divertida para la conciencia holística.

El yoga es una práctica meditativa que conecta cuerpo, mente y espíritu. Aunque tiene sus raíces en la antigua filosofía y religión de la India, a menudo se usa hoy en día como un ejercicio para la mente y el cuerpo. Al alentarlo a estar en el presente y a conectar su mente y su cuerpo, la mayoría de las veces a través del acto de la respiración, el yoga le permite adoptar un enfoque holístico de la atención plena.

La mayoría de las prácticas de yoga recomiendan que cambies a tu propia respiración. Esto te permitirá sincronizar tu mente y tu cuerpo a través del ritmo natural de tu respiración. Si bien esto puede parecer una idea tonta, moverse con el sonido de su respiración y pensar junto con ella es una técnica increíblemente beneficiosa de atención plena y meditación.

Puede comenzar a practicar yoga yendo a un estudio de yoga local cerca de usted. Si es demasiado caro para usted o quiere quedarse en casa, puede conectarse en línea para recibir lecciones gratuitas. YouTube es una gran fuente de miles de sesiones de yoga guiadas gratuitas. Simplemente escriba "Yoga para la conciencia" en la barra de búsqueda y seleccione el video que desea.

Recapitulemos

Practique siempre la atención plena de una manera que enfatice todos los aspectos de su esencia, incluidos el cuerpo, la mente y el espíritu. Si te enfocas en un solo aspecto, no te volverás completamente consciente y tu salud se verá afectada. Trate de incorporar todos los aspectos en su entrenamiento de atención plena a través de las prácticas de atención plena que mencionamos anteriormente o a través del yoga.

CONCLUSIÓN

La atención plena es una práctica increíblemente útil para ayudarlo a navegar en momentos estresantes o caóticos. Al practicar la atención plena, podrá mejorar su cuerpo, mente y espíritu para crecer y volverse más resistente. Puede probar una variedad de prácticas de atención plena, como relajación muscular progresiva, afirmaciones o meditación.

Sin embargo, recuerda siempre conectar todos los aspectos de la conciencia. El cuerpo, la mente y el espíritu son aspectos igualmente importantes a considerar. Si solo enfatizas un aspecto de tu esencia, no recibirás todos los beneficios de la conciencia y tu salud puede verse afectada.

Te recomiendo que pruebes el yoga para tener una perspectiva más holística de la atención plena. Ahora que ha terminado mi guía para principiantes sobre la atención plena, probablemente esté ansioso por comenzar a probar algunas de mis técnicas y consejos.

Es importante tener en cuenta que la concienciación no es fácil de crear. Espere que le tome al menos un mes o más ver los resultados de su entrenamiento de concientización. Sé paciente y compasivo contigo mismo. Romper hábitos es difícil y no eres un superhéroe. Siéntete orgulloso de dar este primer paso para priorizar tu salud en estos tiempos caóticos. Si continúas con estas prácticas durante un tiempo significativo, es cuando comenzarás a ver resultados.

Capítulo 12. El poder de la gratitud

La gratitud es una emoción poderosa que puede brindarle una variedad de beneficios y realmente puede transformar su vida para mejor. La mayoría de las personas no aprecian el poder de la gratitud, pero leerán esta guía mucho más y aplicarán las técnicas contenidas en ella para desarrollar su actitud de gratitud.

En este capítulo, aprenderá qué es la gratitud y por qué es tan poderosa. Pasar a una vida basada en la gratitud requerirá conocimiento, aplicación y perseverancia. No es un milagro de la noche a la mañana, pero puede comenzar de inmediato.

Aprenderás que la gratitud traerá más abundancia a tu vida. Con el poder de la Ley de Atracción puedes usar tu pasaje a la gratitud para enviar las señales correctas al Universo y lograr más de lo que deseas. La mayoría de las personas se enfocan en la carencia en su vida, pero apreciarás lo que tienes y abrirás la puerta a la abundancia.

Necesitarás desarrollar una mentalidad de gratitud y aprender cómo hacerlo prometido. Después de esto, puedes desarrollar hábitos de gratitud que se volverán automáticos después de un tiempo. Practicar la gratitud todos los días es muy importante y te doy algunas maneras excelentes de hacerlo que son muy efectivas.

La gratitud te hará más optimista y feliz en tu vida. Puede usarlo para mejorar sus relaciones utilizando los métodos que proporciono en la guía. He tratado de brindarte las mejores formas de desarrollar una actitud de gratitud en el menor tiempo posible. Sigue los consejos de esta guía y no te equivocarás. Cuando piensas en la palabra "gratitud", ¿qué significa para ti? Creemos que se trata de estar agradecido por lo que tienes, contar tus bendiciones, estar verdaderamente agradecido por todo lo que recibes y valorar verdaderamente las cosas simples de tu vida que son verdaderamente importantes.

Cada mañana, cuando te despiertes, agradece que tienes un día más para vivir. Una de las mejores maneras de entender la gratitud es pensar en todo como un milagro: el hecho de que estás vivo, que tienes un techo sobre tu cabeza, que tienes comida y agua a tu disposición, etc.

El verdadero arte de ser agradecido es desarrollar una conciencia constante de lo que tienes, por pequeño que sea. La mayoría de las personas tienden a concentrarse en las cosas que no tienen. La Ley de Atracción les seguirá faltando si persisten en este pensamiento.

Cuando expresas gratitud regularmente, haces una transición de enfocarte siempre en lo que te falta a enfocarte en la abundancia que tienes en este momento. También hay beneficios para la salud al adoptar una actitud de gratitud. Muchos estudios han demostrado que ser agradecido hace que las personas sean más felices y más resistentes a los desafíos de la vida.

El simple acto de decir "gracias"
A la mayoría de nosotros se nos enseña a decir "gracias" cuando recibimos algo de los demás. Tiende a ser una reacción automática. Pero la acción de gracias puede tener un impacto significativo tanto en la persona que la recibe como en la que la agradece.

El impacto es aún más intenso si hay una emoción fuerte relacionada con la acción de gracias. Si el destinatario ve que realmente aprecias lo que ha hecho por ti, sentirá una cálida sensación en su interior cuando reciba un sincero agradecimiento de tu parte.

La gratitud tiene una larga historia.
El filósofo romano Cicerón discutió el tema de la gratitud hace más de dos mil años. Vio el valor en ello y lo describió como abrir puertas y mantener a las personas jóvenes. Cicerón vio la gratitud como una verdadera virtud. Pero creemos que la gratitud es mucho más que una virtud. Es algo que la gente siente muy adentro, es una emoción fuerte. Cuando estamos agradecidos con los demás, lo sentimos por dentro y también sentimos una emoción positiva cuando recibimos una gratitud sincera.

Cuando adoptas una actitud de gratitud y aprovechas el poder de esta emoción y sentimiento internos, te ayudará a establecer conexiones realmente sólidas. Desafortunadamente, en los tiempos modernos, la gratitud no está tan extendida como antes y queremos que regrese con fuerza.

Un sentimiento de pertenencia
Somos una especie gregaria y cuando expresamos gratitud estamos verdaderamente fortaleciendo nuestro sentido de pertenencia a la raza humana. Ser agradecido te proporcionará una sensación total de bienestar. Aquí hay un pequeño ejercicio para ti:
Cierra los ojos y piensa en un momento en el que realmente te sentiste apreciado. Haz que este sentimiento sea fuerte y vívelo de verdad. Fíjate en las palabras que escuchas.

- ¿Qué sentimientos estás teniendo?

- ¿Qué apreciaba realmente estos sentimientos?

- ¿Qué estabas pensando en ese momento?

- ¿Esto te hizo feliz? Si es así, ¿por qué?

Escriba sus respuestas a todas estas preguntas. Puedes pensar en ello más tarde.

Ninguna definición de gratitud es única.
No creemos que haya una definición única de gratitud. Verá definiciones de gratitud centradas en emociones, rasgos, actitudes, hábitos e incluso moral. La gratitud es compleja y es dinámica.
Creo que la gratitud es en realidad una habilidad. Cuando cultives la habilidad de la gratitud, tu vida se transformará dramáticamente para mejor. Te ayudará a conseguir más cosas que deseas y a fortalecer tus relaciones.

La emoción de la gratitud.
Puede leer que la gratitud tiene una fuerte conexión con los estados de ánimo. Creo que es más acerca de la emoción en su lugar. La emoción es una experiencia o circunstancia personal definida. Un estado mental puede verse influenciado por una serie de cosas diferentes y, por lo general, no proviene del interior.
Cuando piensas en la gratitud, normalmente la expresas en respuesta a una acción que ocurre en una situación de relación con otra persona. Otra persona te dio algo o tú le diste algo a otra persona. Cuando las personas expresan gratitud por haber recibido, están haciendo un intercambio. Este intercambio refuerza la emoción de la gratitud.

La mayoría de las emociones son poderosas, pero la gratitud es realmente poderosa. Cuando ocurre un intercambio, el receptor de la gratitud necesita ponerse en el lugar del donante para experimentar verdaderamente la emoción. Cuando te pones en el lugar del donante, te permite sentir la intención del donante.
Es muy importante que el receptor realmente sienta la intención sincera del donante para que pueda provocar la

emoción de gratitud y responder en consecuencia. Así que es realmente un intercambio emocional muy poderoso.

Hay muchas razones para estar agradecido
La gratitud no se trata solo de un intercambio entre un donante y un receptor. Tampoco se limita a dar y recibir cosas materiales. Si recibe buenos consejos de otra persona, definitivamente debería estar agradecido por ellos, por ejemplo.

Puedes expresar gratitud por tu cuenta. Buena salud, los alimentos que necesita comer, las personas que tiene en su vida, el trabajo que le proporciona el dinero que necesita: estas son todas las cosas por las que debe estar agradecido.
Como aprenderás al leer estas palabras mías, hay tantas cosas que tienes en tu vida en este momento por las que puedes y debes estar agradecido. La mayoría de las personas estarán agradecidas por lo que reciben de los demás, pero hacen poco o nada para expresar gratitud por lo que tienen en la vida en este momento.

Ya hemos dicho que hay muchas cosas por las que puedes estar agradecido. En esta guía, te proporcionaré los conocimientos y métodos que te ayudarán a desarrollar una verdadera actitud de gratitud. Te ayudará a desarrollar la mentalidad de que no debes dar nada por sentado y que debes valorar todo lo que tienes en tu vida.
Se necesitará práctica para adoptar verdaderamente una actitud de gratitud. Todos llevamos vidas ocupadas en estos días, pero debes dejar espacio para la gratitud. Después de leer esta guía, sabrá cuándo debe estar agradecido y debe tomar medidas para expresarlo.

Demasiadas personas dan todo lo que han dado por sentado. Piensa en cómo sería tu vida si perdieras algunas de estas cosas. ¿Estás agradecido por tu salud? ¿Dónde estarías si tuvieras problemas de salud graves?

Entonces, si de repente le quitaran su salud, o su auto, o incluso le negaran el acceso a las personas en su círculo social, ¿cómo lo harían sentir estas cosas? Bastante mala es la respuesta. Ahora imagina recibir lentamente todas estas cosas de vuelta. ¿Estarías agradecido? ¡Apuesto que lo haras!

Comienza por encontrar la felicidad en lo que tienes.
Una de las mejores maneras de encontrar cosas por las que estar agradecido es buscar la felicidad en las cosas que tienes en tu vida en este momento. La mayoría de las personas reservan su gratitud por conseguir las cosas más importantes de la vida, como conocer a la pareja de sus sueños, conseguir un ascenso en el trabajo o tener un bebé.

Si estás pensando de esta manera, entonces necesitas cambiar. Aquí hay algunas cosas que puede intentar que son muy fáciles de hacer: Tan pronto como se despierte cada día, agradezca que tiene otro día para vivir. La forma en que veas la vida determinará tu felicidad y te ayudará a apreciar cómo ves tu vida en este momento.

Cuando lo piensas, hay tantas cosas en tu vida por las que puedes estar agradecido. Solo pensar en esto puede darte un verdadero impulso y hacerte sentir mucho más feliz. Así que comprométete a identificar las cosas más pequeñas de la vida que tiendes a dar por sentadas y sé agradecido por esas cosas.

Mira las pequeñas cosas a tu alrededor

La vida está llena de pequeñas cosas que fácilmente puedes dar por sentadas. Cuando empiezas a buscar, estas pequeñas cosas realmente pueden ayudarte a disfrutar mucho más de tu vida. Ser más consciente de la naturaleza, por ejemplo. Cuando veas una hermosa mariposa, agradece que la naturaleza pueda traerte estas cosas maravillosas.

¿Qué pasa con la comida que aparece en tu mesa todos los días? ¿Qué pasa con el hecho de que tienes aire para respirar y la energía para hacer las cosas que necesitas y quieres hacer? Sí, estas cosas son simples, pero cuando realmente las reconoces y las aprecias, serás aún más feliz con tu vida.

Pon las cosas en perspectiva con gratitud.

Cuando desarrolles tu actitud de gratitud, realmente te ayudará a poner las cosas en perspectiva. A veces tendrás días en los que todo parece salir mal para ti. Cuando pase por este tipo de días, use su poder de gratitud para recordar que cada problema es una oportunidad para crecer.

Todos tenemos desafíos que tenemos que superar en nuestra vida. Cuando tengas una actitud de gratitud, podrás ver cosas buenas en cualquier forma de adversidad. Concéntrese en esto y sea agradecido por lo que puede obtener de la situación. Quizás aprenda algo nuevo o desarrolle una nueva habilidad para lidiar con un problema similar en el futuro.

Empieza a escribir cosas por las que estar agradecido.
Para desarrollar tu actitud de gratitud, te animo a que escribas las cosas por las que puedes estar agradecido cuando te vengan a la mente. Esto te ayudará a seguir identificando las pequeñas cosas en tu vida que requieren tu gratitud.

Al continuar apreciando las cosas más pequeñas de la vida, esto conducirá a una mayor felicidad, realización, armonía y dicha. Cuando te encuentres en una situación difícil, nunca lo veas como una forma de castigo o una carga en tu vida que tienes que soportar.

Aprende a apreciar los problemas

Cambia tu forma de pensar para creer que debes estar agradecido por todos los problemas que enfrentas en tu vida. Ver todo esto como una persona más fuerte y más sabia. Todo es parte de tu viaje para convertirte en una mejor persona.

Nunca deberías estar en una posición en la que no tengas nada por lo que estar agradecido. Hay tantas cosas por las que puedes estar agradecido y cuando practicas esta gratitud, te sentirás mucho más feliz en tu vida.

Deja de dar todo por sentado. Si te sientes deprimido por algún motivo, piensa en algo por lo que puedas estar agradecido para cambiar tu estado y hacerte sentir mejor. Una vez que adquiera el hábito de hacer esto, le resultará muy fácil identificar algo que merezca su gratitud. Lo opuesto a la gratitud es enfocarse en las cosas que no tienes en tu vida. Muchas personas se enfocan en la carencia y como resultado terminan viviendo una vida bastante miserable.

Si sigues enfocándote en la carencia, recibirás más carencia. La gente nunca entiende esto, pero así es como funciona la Ley de Atracción y no puedes eludir esta ley de vida.

No importa si crees o no en la Ley de Atracción. Creo que funciona y hay mucha evidencia para apoyar esto. Pero piensa en cosas como esta: si siempre piensas en las cosas que no tienes, eso no te hará feliz, ¿verdad?

Aprende de la Ley de Atracción

Hay muchas definiciones de la Ley de Atracción. Una definición simple es que aquello en lo que te enfocas atraerá o se manifestará en tu vida. Hay más en el uso del poder de la Ley de Atracción que el mero pensamiento. Pero aquí es donde todo comienza.

Las personas que se quejan todo el tiempo suelen encontrar muchas más cosas de las que quejarse. ¿Alguna vez te has preguntado por qué sucede esto? Bueno, es la Ley de Atracción la que les da a estas personas lo que quieren. Los quejosos envían vibraciones negativas al Universo y este responde brindándoles más cosas negativas.

Así que lo opuesto es estar agradecido por las cosas que ya tienes. Cuando haces esto, creas sentimientos de abundancia. Envías vibraciones positivas al Universo y te responderá enviándote más. Al estar agradecido por lo que tienes, estás enfocando tus pensamientos y preparándote para manifestar aún más las cosas que te hacen feliz. Ya has aprendido que la gratitud es una emoción muy poderosa. Cuando lo expresas, generas una energía muy positiva que te permitirá manifestar más.

Cree en la Gratitud y crea Abundancia.
El vínculo entre la gratitud y la abundancia es algo que a muchas personas les cuesta entender. Te estoy pidiendo que des un salto de fe aquí y creas que si eres agradecido regularmente, crearás abundancia en tu vida. La energía positiva que creas al ser agradecido te ayudará a alinearte con el Universo para manifestar abundancia. La gratitud es muy poderosa y puede ayudarte a conseguir todo lo que quieres en tu vida.

Verás que a medida que practiques más y más tu actitud de gratitud, tu vida cambiará para mejor y te manifestarás más. Cada vez que expresas gratitud, envías fuertes señales a tu subconsciente. Tu subconsciente es todopoderoso y reconocerá rápidamente que realmente aprecias tener cosas en tu vida.
Entonces tienes dos fuerzas muy poderosas que trabajarán para ti aquí. La Ley de Atracción que responde a las vibraciones (pensamientos y sentimientos) que envías

cuando estás agradecido por las cosas que tienes en tu vida en este momento.

Y luego está tu subconsciente que te ayudará a conseguir todo lo que quieres sólo si realmente crees en conseguirlo. Las señales que envías a tu subconsciente a través de tus expresiones de gratitud ayudarán a convencer a tu subconsciente de que realmente quieres recibir lo que te hace feliz.

El pensamiento negativo no encaja con la abundancia.
Si eres una persona de pensamiento negativo, nunca experimentarás la abundancia. Los dos simplemente no encajan. Si quieres abundancia en tu vida, debes convertirla en un pensamiento positivo y estar agradecido por lo que tienes ahora y lo que ves a tu alrededor es una excelente manera de hacerlo.

A medida que desarrolle su actitud de gratitud, comenzará a ver algunos cambios notables en su vida. Estos pueden ser cambios en su carrera o vida laboral, en su salud y bienestar, en la forma en que se siente y actúa, y en sus conexiones sociales.

Todo lo que necesitas para ver mejoras en tu vida es dejar de quejarte de lo que no tienes y apreciar lo que tienes. Este es un cambio positivo significativo que te pondrá en el camino de la abundancia.

Comprométete a ver tus bendiciones mucho más grandes que tus problemas. Esto te hará mucho más feliz y desarrollará una perspectiva mucho más positiva para ti. Con el tiempo creerás que no hay problema en la vida que no puedas superar y que ningún problema te hará pensar negativamente.

Todos tenemos energía positiva que podemos aprovechar cuando la necesitamos. A la mayoría de la gente le cuesta aceptarlo, pero es verdad. Eres el resultado de tus pensamientos anteriores. Si has tenido pensamientos mayormente negativos en tu vida hasta ahora, entonces lo que tienes a tu alrededor en este momento es el resultado.

La abundancia está a tu alrededor

El Universo siempre proporcionará abundancia. Está a tu alrededor hoy y seguirá estando a tu alrededor para siempre. Tienes que dejar de centrarte en esas pequeñas cosas negativas de tu vida en las que la mayoría de la gente parece centrarse. Estar estresado por tener que sacar la basura no es el camino a seguir. Por lo tanto, si tiene sentimientos negativos acerca de tener que sacar la basura, piense en toda la comida que ha comido y las cosas que tiene que han causado que la basura se acumule. Los envoltorios de comida y otras cosas que das por sentado están todas en la papelera.

Puede parecer una locura, pero es un gran primer paso hacia la gratitud y la abundancia. Todos tenemos creencias limitantes que definen quiénes somos y qué tenemos. Quizás de niño aprendiste que "el dinero no crece en los árboles" y esto te ha llevado a no tener suficiente dinero en tu vida. Las creencias limitantes se pueden cambiar y cuando empiezas a estar verdaderamente agradecido por el dinero que tienes ahora, es un paso en la dirección correcta. El hecho de que estés agradecido por este dinero, por poco que sea, le dice al Universo que quieres más. También le permite a tu subconsciente saber que el dinero te hace feliz.

Así que les pido que reconozcan el hecho de que el mundo tiene recursos inagotables que pueden aprovechar expresando gratitud. Una actitud de gratitud abrirá tu vida a todo tipo de nuevas oportunidades que conducirán a una vida abundante de todo. La abundancia es real y la gratitud es el camino para lograrla.

La mayoría de las personas no tienen una mentalidad de gratitud. Si no tienes una mentalidad de gratitud en este momento, no te preocupes, te mostraré cómo desarrollar una. Con dedicación y práctica, puede desarrollar uno con bastante rapidez, así que lea cada palabra de este capítulo y siga los consejos que contiene.

Los beneficios de una mentalidad de gratitud.
Cuando tienes una mentalidad de gratitud, tendrás una perspectiva positiva de la vida en lugar de una negativa. En lugar de amargarte y retorcerte por todo, verás la vida de una manera mucho más positiva. Todo en tu vida comenzará a verse mejor.

A su vez, se sentirá mucho más feliz acerca de dónde se encuentra en su vida y optimista sobre su futuro. ¿Significa esto que tienes que aguantar el no tener lo que quieres en tu vida? No, por supuesto que no lo es. Si tienes un mal jefe, no ganas suficiente dinero o tienes una pareja que no te trata bien, entonces puedes cambiar todas esas cosas.

Para hacer grandes cambios en tu vida necesitarás energía adicional. Una mentalidad de gratitud te proporcionará esta energía extra. Apreciar lo que tienes te acercará a lo que quieres. Tu concentración mejorará y ya no te sentirás mal por no tener las cosas que deseas.

Con una mentalidad de gratitud verás el bien en todo. Mucha gente está abrumada con problemas y realmente les cuesta mucho resolverlos. Si ves todos los problemas como oportunidades para desarrollarte y estás agradecido por ello, resolver estos problemas te resultará mucho más fácil.

Cambiar a una mentalidad de gratitud cambiará tu vida para mejor. Podrás avanzar con total confianza sabiendo que nada te impedirá alcanzar tus objetivos.

Realmente vale la pena el esfuerzo de desarrollar una mentalidad de gratitud, así que echemos un vistazo a algunas de las formas en que puede hacer esto.

Desarrolla una mentalidad de gratitud con estos 4 métodos
A veces la vida puede hacer que las personas sean ingratas y pesimistas. Por eso están muy descontentos con su vida y siempre se enfocan en las cosas que no tienen. Incluso si te encuentras en esta situación, puedes desarrollar una mentalidad de gratitud si sigues estas técnicas a continuación:

1. Sé agradecido cuando te despiertes
Tan pronto como abras los ojos por la mañana y te levantes de la cama, ponte el sombrero de la gratitud. Una buena técnica aquí es pensar en tres cosas por las que estás agradecido. Haz que estos sentimientos de gratitud sean lo más fuertes posible.
No tienes que pensar en las cosas importantes de tu vida por las que estar agradecido. Lo importante aquí es que tengas fuertes sentimientos en torno a la gratitud. Entonces, si tienes un gran amigo en tu vida que siempre te ha apoyado y te ayuda en todo lo que puede, entonces puedes estar agradecido por esta persona.
¿Por qué no estar agradecido de que tienes otro día por delante cuando te despiertes? Piensa el lunes por la mañana. Muchas personas se despiertan un lunes por la mañana y de inmediato se deprimen porque tienen toda una semana de trabajo por delante. Cuando tienes una mentalidad de gratitud, estás agradecido por la vida sin importar el día que sea.

2. Sea agradecido antes de acostarse todas las noches.
Antes de irte a dormir por la noche, piensa en otras tres cosas por las que estás agradecido. Piensa en las cosas que

sucedieron durante el día y concéntrate en aquellas por las que estabas agradecido. Tal vez alguien te ayudó en el trabajo o tal vez hiciste algo que fue un verdadero desafío para ti.

Si no se te ocurre nada, para estar agradecido por lo que te pasó durante el día, mira a tu alrededor. Estás en una cama cálida y agradable y tienes la protección de tu hogar. Esta es una gran cosa para mostrar gratitud. Agradece de verdad que tienes un techo sobre tu cabeza y que no estás en la calle.

3. Crea y mantén un diario de gratitud
Las computadoras son geniales, pero hay un poder real para escribir las cosas en papel. Cuando pienses en tres cosas por las que estar agradecido por la mañana y por la noche, escríbelas en tu diario. También registra cuán fuertemente aprecias tener estas cosas en tu vida.

Puede tomar algún tiempo acostumbrarse a escribir sus pensamientos todos los días en un diario, pero definitivamente vale la pena. Si alguna vez has luchado por algo por lo que estar agradecido, abre tu diario y piensa en lo que hiciste antes. Esto seguramente te inspirará.

No hay necesidad de salir y comprar un elegante diario encuadernado en cuero. Cualquier tipo de bloc de notas está bien. No pongas trabas que te impidan empezar un diario. A medida que cree más entradas en el diario, se le hará más fácil y disfrutará escribiéndolas todos los días.

4. Expresa tu gratitud a los demás
Cuando expresas gratitud por las cosas que tienes en tu vida, puedes evocar sentimientos muy fuertes que te hacen sentir bien. Otra gran manera de experimentar estos sentimientos es mostrar gratitud a las personas en tu vida. Cuando estés verdaderamente agradecido con las personas, verás cuánto lo aprecian y eso realmente te dará más satisfacción. Dile a tu

pareja por qué lo amas tanto y observa cómo se le ilumina la cara. Exprese gratitud a un amigo que lo ayudó recientemente y sienta sus emociones.

Cuanto más muestre esta gratitud a los demás y experimente la retroalimentación, más rápido desarrollará su mentalidad de gratitud. Los otros tres métodos también lo llevarán allí rápidamente, así que comprométase a adoptar estas técnicas y esté agradecido de manera constante.

¿Puede la gratitud realmente empoderarte? Sí se puede y descubrirá cómo en este capítulo. En los últimos capítulos has aprendido que tener una actitud de gratitud te hará más feliz y verás el lado bueno de las cosas en tu vida.

Cuando eres agradecido, esto también te ayudará en situaciones sociales, ya que serás una persona más compasiva y generosa. Ha habido muchos estudios que muestran que una actitud de gratitud proporciona beneficios físicos y psicológicos.

Cuando practicas la gratitud con regularidad, puede ayudarte a ser más saludable. Su sistema inmunológico puede beneficiarse de su actitud hacia la gratitud y esto conducirá a otros beneficios para la salud. Es muy probable que tengas más energía cuando empieces a ser constantemente agradecido. Desde un punto de vista psicológico, tener una actitud de gratitud puede ayudarte a comprender que la vida se trata de los momentos que has vivido y no se trata solo de reflexionar sobre las cosas buenas o malas.

Digamos que tuvo un accidente automovilístico grave y se rompió un brazo o una pierna. En lugar de concentrarse en el dolor y las molestias, estará agradecido de haber sobrevivido al accidente y aún tiene vida.

La gratitud impulsa el optimismo
Con gratitud persistente, desarrollarás una perspectiva mucho más optimista. No importa qué problemas se

presenten en tu camino, siempre permanecerás positivo. Creerás en ti mismo hasta el punto de que ningún problema, por grande que sea, empañará tu optimismo para el futuro.

Las personas que no expresan gratitud con regularidad son mucho más propensas a ser pesimistas. Cuando se enfrentan a problemas, lo ven como una especie de castigo que alimenta su pesimismo. Este no es un buen lugar para quedarse, pero desafortunadamente muchas personas se encuentran en esta situación.

Mírate a ti mismo bajo una mejor luz

Otra forma en que una actitud de gratitud te fortalece es que te ayuda a verte mejor que antes. Cuando te enfocas en las cosas buenas de tu vida, es mucho menos probable que te detengas en esas cosas sobre ti que no estás a la altura. Por supuesto, esto no significa que no puedas trabajar para mejorar, absolutamente tienes que hacerlo.

Tu empatía se fortalecerá a medida que practiques ser más agradecido. Esto te ayudará a evitar emociones negativas como los celos o la envidia al tratar con los demás. Podrás reconocer los logros de los demás sin evocar sentimientos negativos al respecto.

Una Actitud de Gratitud te dará más Energía.

En el mundo acelerado en el que vivimos hoy, puede ser difícil reunir la energía que necesita para obtener las cosas que realmente desea. Al adoptar una mentalidad de gratitud y expresar gratitud de manera regular, comenzarás a experimentar una nueva energía dentro de ti.

Cuando haga la transición del pensamiento negativo al positivo, se sentirá cada vez con más energía. Tendrás mucha más energía para una vida futura que veas con optimismo que para una que seas pesimista.

Después de un poco de práctica regular, descubrirá que está mucho más entusiasmado con la vida. Tu actitud de gratitud te proporciona un haz de energía similar al que sientes cuando abres las cortinas por la mañana y dejas que el sol entre en tu vida.

La gratitud puede ayudarte a encontrar tu verdadero significado.
Hay mucho más en la vida que simplemente establecer y alcanzar metas y perseguir varias cosas materiales. Con una actitud de gratitud podrás encontrar tu camino hacia la autorrealización. Con una mentalidad de gratitud apreciarás más a los demás y nunca sabes que esta podría ser tu vocación.
Ser capaz de apoyar a otros siempre es algo digno de hacer. No significa que no debas perseguir tus objetivos, pero encontrar el tiempo para estar agradecido con los demás te hará sentir bien por dentro.

La gratitud mejorará tus habilidades sociales.
Después de practicar la gratitud por un tiempo, notarás que tienes más energía positiva y esto te hará más popular entre las personas porque tu personalidad será mucho más agradable y serás visto como afable por los demás. El resultado es que harás amigos mucho más fácilmente que antes. También podrá hacer una conexión mucho más significativa con ciertas personas y quién sabe a dónde conducirá esto.

Cuando tengas una actitud de gratitud te convertirás en una persona más sociable que está dispuesta a ayudar a los demás y la gente confiará mucho más en ti. Otras personas realmente apreciarán el cambio en ti y cuando conozcas gente nueva, es muy probable que te hagas amigo de ellos debido a tu personalidad impulsada por la gratitud.

Si no vives una vida de gratitud en este momento, no tienes que preocuparte. La buena noticia es que puedes aprender a ser agradecido, y de eso trata este capítulo. Deberá estar preparado para aplicar lo que aprende aquí y comprometerse constantemente, pero valdrá la pena ya que transformará totalmente su vida.

La mayoría de las personas no tienen problemas para expresar gratitud cuando las cosas van bien. Pero cuando están pasando por un momento difícil, o incluso cuando enfrentan una crisis, la mayoría de las personas ni siquiera piensan en expresar gratitud.

Quiero enfatizar que la gratitud es un estado mental. No es otro que esto. Esta es una buena noticia, ya que significa que con un cambio de opinión puedes encontrar una buena razón para estar agradecido incluso cuando todo a tu alrededor parece estar desmoronándose.

No importa lo mal que te parezcan las cosas, siempre puedes estar agradecido por algo. Siempre tenga en cuenta que estamos aquí por un tiempo relativamente corto y mientras estemos vivos y respirando, esto es algo que podemos apreciar fácilmente. Cuando las cosas van realmente mal, con una actitud de gratitud siempre creerás que las cosas mejorarán. Si conoce a alguien con una actitud de gratitud, observe cómo se comporta y pronto comenzará a ver una serie de temas y comportamientos comunes.

Las personas con una actitud de gratitud tienen expectativas realistas.

Puede que tengas los planes más detallados del mundo, pero siempre debes aceptar que la vida rara vez sale como esperas. Esta es la razón por la que a muchos de los mejores estudiantes de escuelas y universidades no les va mejor en sus vidas que a los estudiantes promedio.

Estoy seguro de que tienes innumerables ejemplos de personas que crees que tienen menos talento que tú y, sin embargo, han logrado sus objetivos. O tal vez conociste a alguien en la escuela a quien le estaba yendo mal y de repente descubres que ha comenzado su propio negocio y está teniendo un éxito tremendo.

Nadie sabe lo que les depara el futuro. Pueden influir en él en gran medida y le recomiendo que lo haga. Pero hay que estar preparado para esas sorpresas que suele deparar la vida. Con una actitud de gratitud siempre podrás ver estas cosas como oportunidades y aprovecharlas al máximo.

La Felicidad Incondicional va acompañada de una Actitud de Gratitud.

Las personas que practican la gratitud no establecen condiciones previas para la felicidad porque saben que no la alcanzarán. Una condición podría ser que tengas que tener un auto de lujo para ser feliz. Si no tienes este coche, no serás feliz. Esperar a tener esta máquina de ensueño te deprimirá.

Las personas que tienen una actitud de gratitud ven lo bueno todos los días en su vida. Aprecian las cosas pequeñas y grandes de la vida y la felicidad les es fácil de alcanzar. Entonces, si quieres ser feliz toda tu vida, entonces necesitas cultivar la gratitud incondicional. Nunca bases tu felicidad en querer a alguien o algo en tu vida.

Las personas con una actitud de gratitud saben que lo bueno viene con lo malo.

Tienes que aceptar que lo bueno viene de lo malo en la vida. Cuando lo haga, será más fácil para usted estar agradecido por todas las cosas buenas que tiene en su vida y, al mismo tiempo, aceptar que es muy probable que haya un inconveniente correspondiente a estas cosas.

Entonces, por ejemplo, cuando disfrutas de todo lo que te trae el sol de verano, hay una realidad dentro de ti que acepta que un invierno frío seguirá poco después. O, si afuera está lloviendo mucho, aceptas que en algún momento dejará de llover y el sol saldrá y brillará.

Actitud de gratitud. La gente es optimista.
Una vez que adquiera el hábito de expresar gratitud por las cosas más pequeñas, encontrará que cualquier cambio en su vida no lo molestará en absoluto, sin importar cuán significativos sean esos cambios. Esto se debe a que serás un eterno optimista y solo necesitarás un mínimo rayo de esperanza para ser feliz en tu vida.
Las personas que practican la gratitud regularmente siempre son optimistas sobre su futuro. Aprecian plenamente lo lejos que han llegado en la vida y celebran las pequeñas victorias que han logrado. El optimismo es algo que quieres recibir con los brazos abiertos porque es mucho mejor que el pesimismo que te agotará todo el tiempo.
Así que ahora tienes los principales puntos de aprendizaje para desarrollar una actitud de gratitud. Al seguir estos principios y practicar la expresión de gratitud con regularidad, encontrará que todas estas cosas encajan fácilmente en su lugar. Puedes aprender a ser agradecido rápida y fácilmente siguiendo estos principios, ¡así que sigue adelante y nunca te rindas!

Tienes infinitas oportunidades para expresar gratitud varias veces al día. Cuando experimenta pensamientos negativos, hay una tendencia a centrar su atención en ellos y dejar que emociones negativas como la ira, el miedo y la ansiedad se apoderen de su vida.

Por supuesto, a veces estas emociones son útiles para protegernos de un peligro real, pero a menudo son irracionales. El truco aquí es no dejar que te dominen para que se conviertan en el motor de tu vida y de lo que vivirás.

Para superar este problema, deberá trabajar constantemente para romper los patrones negativos e introducir otros positivos que le darán una nueva perspectiva de la vida. Tomará algún tiempo hacer esto. No esperaría ponerse a dieta por un día y perder todo el peso que desea y mantenerlo, ¿verdad?

Estamos hablando de cambios a largo plazo aquí. Así que les pido que participen en estos cambios para que puedan desarrollar su actitud de gratitud. Con práctica regular puedes hacer los cambios que necesitas y luego estos formarán un nuevo hábito, un nuevo destino para tu piloto automático.

Recuerda siempre que no importa lo que suceda a tu alrededor, siempre hay una oportunidad para que expreses tu gratitud. Incluso cuando estés muy frustrado y decepcionado con una situación, podrás ver en ella una razón para estar agradecido. Una vez que aceptes esto, estarás bien encaminado hacia una actitud de gratitud.

Desarrollar hábitos de gratitud.

Cuando decide cambiar cualquier rutina o comportamiento, debe aceptar que llevará tiempo y perseverancia convertirlo en un nuevo hábito. Piense en la primera vez que aprendió a conducir un automóvil. Tenías que concentrarte en muchas cosas diferentes para viajar con seguridad por una distancia corta. Ahora puedes conducir cientos de kilómetros sin siquiera pensarlo.

Cuando ha pasado suficiente tiempo, el nuevo comportamiento o rutina se convierte en algo que haces automáticamente. Pero antes de eso, tendrá que comprometerse y hacer algunas transiciones difíciles y, a menudo, necesitará aliento y apoyo.

No subestimes el esfuerzo y la atención a los detalles necesarios para desarrollar el hábito de la gratitud. Piense en el resultado final aquí: hay muchos beneficios de tener una actitud de gratitud y puede usarlos para impulsarse y comprometerse con ese esfuerzo constante.

Ha habido mucha investigación sobre el tema de la gratitud y algunos de los beneficios más notables de esto son:

• Serás consciente de la abundancia que ya existe en tu vida.
• Te ayudará a tener más abundancia en tu vida.
• Te ayudará a minimizar el estrés en tu vida.
• Te hará mucho más optimista sobre tu futuro.
• Le proporcionará un mayor sentido de comunidad.
• Mejorará su resiliencia para manejar eventos difíciles.
• Aumentará tu sensación de bienestar emocional.
• Aumentará la cantidad de actividad física en tu vida.
• Te ayudará a dormir mejor
• Mejorará tu salud física
• Reducirá los sentimientos de depresión.
• Reducirá los sentimientos de ansiedad.
• Potenciará su sistema inmunológico y cardiovascular.

Te recomiendo que imprimas esta página o anotes estos beneficios para que los mires todos los días y te impulses a desarrollar tus hábitos de gratitud. Tomará tiempo y persistencia crear nuevos hábitos, por lo que tener algo como esta lista de beneficios lo motivará e inspirará. ¿Qué sucede si no sigues los cambios en tus hábitos de gratitud en un día en particular? Bueno, no querrás estresarte por eso. Continúe donde lo dejó el día anterior y trate de ser lo más consistente posible.

Después de un tiempo, descubrirá que su hábito de gratitud se vuelve automático. Cuando buscas hacer cambios reales en tu vida, necesitas paciencia y perseverancia para llevarlos a cabo. Desarrollar buenos hábitos de gratitud no es diferente a hacer cualquier otro cambio en tu vida. Sigue practicando y cosecharás las recompensas.

Formas escritas de gratitud.
En un capítulo anterior, discutimos cómo escribir tarjetas de agradecimiento para expresar su gratitud utilizando la gratitud reflexiva en lugar de la gratitud obligatoria. Creo firmemente, a costa de ser repetitivo, que debes adoptar esta práctica diaria escribiendo notas y cartas que demuestren tu agradecimiento.

Algo que está escrito desde el corazón puede tener mucho más impacto que la palabra hablada. El destinatario de tal nota o carta puede conservarla para siempre. Las palabras solo duran unos segundos (a menos que se graben). La gente tiende a retener las cartas de amor de sus novios por esta misma razón.

No importa si no te has comunicado con alguien a quien le debes gratitud durante años. Imagina lo emocionados que estarán al recibir tu carta después de todo este tiempo que les expreses tu gratitud.

Así que piensa en las personas en tu vida, ahora y en el pasado, que realmente te han ayudado a llegar a donde estás hoy. Tómate un tiempo para escribirles una carta de agradecimiento. Piensa en el momento en que te ayudaron. Lo que hicieron específicamente y cómo eso te ayudó a seguir adelante.

Diles estas cosas en tu carta de agradecimiento. Realmente hágales saber cómo su ayuda y orientación le han ayudado.

¿Quieres tener un impacto aún mayor? Entrégueles la carta personalmente y léala en voz alta antes de dársela.

Adquiera el hábito de escribir su gratitud. Incluso las tarjetas de agradecimiento pequeñas pueden tener un efecto profundo en las personas que las reciben. Tome una copia de todas las notas y cartas que escriba y guárdelas en una caja que pueda consultar regularmente.

Cuando alguien haga algo por ti, incluso la cosa más pequeña, siéntate y escríbele al menos una tarjeta de agradecimiento. Para las personas que realmente han tenido un gran impacto en su vida, una carta más larga es más apropiada.

Puede llevar un tiempo adquirir el hábito de escribir cartas y tarjetas de agradecimiento, pero es algo que recomiendo encarecidamente que haga. Así que, para empezar, comprométete a escribir al menos tres notas/cartas cada semana.

La mayoría de las personas viven la vida a un ritmo frenético en estos días y es fácil dar por sentado a nuestros seres queridos en esta situación. Así que te animo a que te tomes un momento y pienses en todas tus relaciones importantes y los momentos en los que has estado verdaderamente agradecido con cada una de estas personas. Muchas personas cometen el error de suponer que sus seres queridos saben lo que están pensando o sintiendo.

Esto no es una buena idea y siempre debes permitir que los que amas entren más en tu vida para que sepan, siempre, lo importantes que son para ti. Es demasiado fácil ir a la deriva por la vida en piloto automático y dejar de ser consciente de las personas que realmente importan a tu alrededor. Una vez que su cerebro esté programado para ajustarse a una rutina específica, dirigirá su atención a esa rutina y no gastará gran parte de su energía en nada más.

Necesita hacer un esfuerzo para cambiar este patrón y volverse más consciente. En lugar de hacer constantemente listas de "cosas por hacer" y ser un esclavo de esas listas, es importante que comiences a notar todos los matices que te perdiste mientras programabas mentalmente en piloto automático.

Muchos tienden a dar por sentadas a las personas más importantes de sus vidas. No cometas este error o puedes terminar llorando. No asuma que sus seres queridos saben lo que está pensando y cómo se siente. Permítales entrar en su vida para que sepan que son realmente apreciados.

Usar la gratitud en sus relaciones es más que solo decir "gracias", ya que se espera que sea la norma. Cuando expreses gratitud en una relación, incluye observación, cómo te hace sentir la persona y por qué lo necesitas. Mire a las personas importantes en su vida como personas y exprese gratitud por sus cualidades.

He hecho todo en esta guía para explicar qué es realmente la gratitud y los muchos beneficios que puede traerte. Ahora es tu turno. Por favor, no solo lea esta guía y luego no haga nada. Usa lo que has aprendido cada día para desarrollar tu actitud de gratitud.

Una vez que tengas tu actitud de gratitud, notarás que tu vida cambiará significativamente. Tendrás una perspectiva mucho más optimista de la vida y descubrirás que llegan más cosas buenas a tu vida. Así que comprométete a llevar una vida de gratitud y empieza a desarrollar tu actitud de gratitud hoy.

Hoy en día es demasiado fácil dar por sentada nuestra salud. Una galleta por aquí, una barra de chocolate por allá. Al principio no sucede nada, pero poco a poco, con el tiempo, nuestro peso comienza a disminuir y empezamos a sentirnos cansados y deprimidos. Sin mencionar todos los sentimientos negativos que conlleva: ira, ansiedad y frustración junto con una disminución de nuestra autoestima.

Afortunadamente, estar más saludable es relativamente simple. Todo lo que se necesita es tomar la decisión de cambiar nuestra vida. Esto se aplica a nuestro bienestar psicofísico. Tomar conscientemente decisiones pequeñas, aparentemente insignificantes pero positivas todos los días conduce a resultados a menudo sorprendentes. Después de tres semanas, se desarrolla un hábito y de repente descubre que no solo se ha vuelto más fácil sino automático para tomar decisiones mejores y más saludables. Al igual que con nuestra salud física, puede fortalecer su mente al nutrirla con el desarrollo de sus habilidades y talentos, leer libros, pasar más tiempo con amigos y buscar más experiencias que le brinden oportunidades de crecimiento.

Aquí hay algunas afirmaciones para mantener y mejorar la salud.

1. Estoy lleno de energía y vida.

Escribe tu impresión

2. Siempre tengo el control de mi salud.

Escribe tu impresión

3. Soy feliz y siempre tengo control sobre cómo me siento.

Escribe tu impresión

4. Elijo estar lleno de alegría y gratitud.

Escribe tu impresión

5. Soy más de lo que aparento ser, y dentro de mí están todos los poderes del Universo.

Escribe tu impresión

6. La razón por la que como alimentos saludables es para alimentar mi cuerpo.

Escribe tu impresión

7. Ser saludable es mejor que cualquier otro gusto en el mundo.

Escribe tu impresión

8. Mi cuerpo saludable es creado por mis pensamientos saludables.

Escribe tu impresión

9. Mi cuerpo es mi templo.

Escribe tu impresión

10. Merezco estar sano.

Escribe tu impresión

11. Mis hábitos diarios me ayudan a ser más saludable y feliz.

Escribe tu impresión

12. Elijo comer saludable porque la comida que como es material de construcción para mi cuerpo.

Escribe tu impresión

13. Como alimentos nutritivos que me dan energía.

Escribe tu impresión

14. Puedo comer por diversión o por razones sociales siempre que lo haga de manera responsable y me mantenga dentro de mis reglas que he establecido para avanzar.

Escribe tu impresión

15. Tengo un sueño reparador y energizante.

Escribe tu impresión

16. Tomo decisiones saludables y respeto mi cuerpo.

Escribe tu impresión

17. El agua que bebo limpia mi cuerpo y me da claridad
mental por qué necesito tener éxito.

Escribe tu impresión

18. Me encanta cómo se siente estar sano.

Escribe tu impresión

19. Tengo una profunda sensación de bienestar.

Escribe tu impresión

20. Mi cuerpo sana rápida y fácilmente.

Escribe tu impresión

21. Tardo mucho en aclarar mi mente.

Escribe tu impresión

22. Invierto en la salud de mi mente y cuerpo.

Escribe tu impresión

23. Mi corazón está sano y fuerte.

Escribe tu impresión

24. Mi forma física y mi salud son una prioridad.

Escribe tu impresión

25. Tengo abundante energía para vivir mi vida.

Escribe tu impresión

26. Para mí es importante llevar un estilo de vida saludable.

Escribe tu impresión

27. Amo mi cuerpo. Me lleva a todas partes.

Escribe tu impresión

28. Mi cuerpo se vuelve más saludable y más fuerte cada día.

Escribe tu impresión

29. Merezco estar sano.

Escribe tu impresión

30. Tengo el control de mi salud.

Escribe tu impresión

31. Me siento genial e irradio abundancia, alegría y gratitud.

Escribe tu impresión

32. Honro mi cuerpo y estoy rodeado de otros que quieren que me mantenga saludable.

Escribe tu impresión

33. Confío en las señales que me envía mi cuerpo.

Escribe tu impresión

34. Me siento bien, mi cuerpo se siente bien y no irradio nada más que buenos sentimientos.

Escribe tu impresión

35. Tengo un cuerpo sano y una mente sana.

Escribe tu impresión

36. Soy enérgico y vigoroso.

Escribe tu impresión

37. Dejo ir todos los malos sentimientos dentro de mí hacia los demás, los accidentes y todo lo demás. Perdono a todos aquellos que son groseros conmigo.

Escribe tu impresión

38. Mi cuerpo es sano, soy rico y mi mente es sabia.

Escribe tu impresión

39. Espero un futuro saludable porque me estoy cuidando. de mi cuerpo ahora.

Escribe tu impresión

40. Estoy agradecido por mi cuerpo sano.

Escribe tu impresión

41. La paz fluye a través de mi cuerpo, mente y alma.

Escribe tu impresión

42. Disfruto de la vida.

Escribe tu impresión

43. Soy digno de buena salud.

Escribe tu impresión

44. Cuido mi cuerpo con genuina compasión.

Escribe tu impresión

45. Estoy haciendo todo lo que está a mi alcance para mantener mi cuerpo sano.

Escribe tu impresión

46. Tengo un sistema inmunológico fuerte y robusto. Y soy capaz de lidiar con bacterias, virus y gérmenes.

Escribe tu impresión

47. Mi cuerpo está libre de dolor.

Escribe tu impresión

48. Mi cuerpo se cura solo y cada día me siento mejor.

Escribe tu impresión

49. Mantengo mi peso corporal sin esfuerzo y con facilidad todos los días.

Escribe tu impresión

50. Tengo el control total de mi salud, bienestar y curación.

Escribe tu impresión

51. Aprecio y adoro mi cuerpo, mente y alma.

Escribe tu impresión

52. Mi piel es clara, luminosa y radiante.

Escribe tu impresión

53. Soy capaz de mantener mi peso ideal.

Escribe tu impresión

54. Soy una persona eficaz, en forma, saludable y enérgica y puedo manejar cualquier cosa que se presente en tu camino.

Escribe tu impresión

55. Dedicaré 20-30 minutos al día a hacer ejercicio.

Escribe tu impresión

56. Me siento entusiasta, vibrante y enérgico en todo momento.

Escribe tu impresión

57. Me gusta comer comidas balanceadas, nutritivas y saludables.

Escribe tu impresión

58. Tengo pleno poder para controlar mi salud y estado físico.

Escribe tu impresión

59. Me encanta comer alimentos saludables y hacer ejercicio todos los días.

Escribe tu impresión

60. Soy el destinatario de una mente, cuerpo y alma vibrantes y saludables.

Escribe tu impresión

61. Me gusta mi rutina diaria de ejercicios.

Escribe tu impresión

62. Estoy en forma, activo y saludable y realizo actividad física regularmente.

Escribe tu impresión

63. Cada día me acerco más y más a mi peso ideal.

Escribe tu impresión

64. Consumo alimentos sanos, nutritivos, energéticos y equilibrados.
Que benefician a todo mi cuerpo.

Escribe tu impresión

65. Mi cuerpo se vuelve más saludable, más fuerte y más enérgico.
Cada día que pasa

Escribe tu impresión

66. Mi cuerpo es un templo. Él es limpio, santo y lleno de bondad.

Escribe tu impresión

67. Respiro bien y profundamente, hago ejercicio regularmente y alimento mi cuerpo con alimentos saludables y nutritivos.

Escribe tu impresión

68. Mis pensamientos diarios ayudan a que mi cuerpo se vuelva más saludable.

Escribe tu impresión

69. Le doy a mi cuerpo lo que necesita.

Escribe tu impresión

70. Constantemente me siento maravilloso y mi cuerpo se cura rápidamente.

Escribe tu impresión

71. Lleno mi mente con pensamientos positivos.

Escribe tu impresión

72. Uso mi cuerpo de maneras que crean emociones positivas.

Escribe tu impresión

73. A menudo sonrío y me pongo de pie.

Escribe tu impresión

74. Libero el pasado y disfruto el momento presente.

Escribe tu impresión

75. Relajo la mandíbula y mantengo los dientes ligeramente separados.

Escribe tu impresión

76. A menudo relajo mi cuerpo y lo dejo descansar cuando es necesario.

Escribe tu impresión

77. Hago cosas que son buenas para mi cuerpo.

Escribe tu impresión

78. Me siento increíblemente saludable y me encanta.

Escribe tu impresión

79. Soy fuerte y me siento bien conmigo mismo.

Escribe tu impresión

80. Estoy en paz con mi salud.

Escribe tu impresión

81. Mi mente está brillante y mi alma tranquila.

Escribe tu impresión

82. Siempre duermo plácidamente y despierto con una alegría increíble.

Escribe tu impresión

83. Me encanta entrenar todos los días y llenar mi cuerpo de salud y alimentación saludable.

Escribe tu impresión

84. Estoy en forma, enérgico, atractivo y saludable.

Escribe tu impresión

85. Soy deslumbrante tanto por dentro como por fuera.

Escribe tu impresión

86. Me cuido haciendo ejercicio, comiendo bien y durmiendo lo suficiente.

Escribe tu impresión

87. Amo, cuido y alimento mi cuerpo, y él me cuida.

Escribe tu impresión

88. Soy muy hermosa, atractiva y en forma.

Escribe tu impresión

89. Estoy completamente relajado y lleno de paz mental.

Escribe tu impresión

90. Creo energía curativa para la vida.

Escribe tu impresión

91. Soy capaz de manifestar máxima fuerza y salud.

Escribe tu impresión

*Espero que estas páginas mías te hayan sido de utilidad, si crees déjame una reseña, esto me impulsará a escribir más libros para poder ayudar a más personas. **Gracias y que la alegría te acompañe.***

Sígueme en https://www.amazon.com/~/e/B09YJ6ZVP3

O escríbeme: mailto: joe@aceo.it%20

www.ingramcontent.com/pod-product-compliance
Lightning Source LLC
Chambersburg PA
CBHW050733260726
48661CB00001B/211